Guide Pratique

DU

Rédacteur au Contentieux amiable des Prêts

DU

CRÉDIT FONCIER DE FRANCE

PAR

Jules LANGLOIS, Chef de Bureau.

SOUS LA DIRECTION DE

M. CHALAMEL, Chef de Division.

D'APRÈS LES CONSEILS ET AVEC L'APPROBATION DE

M. LETESTU, Chef de Division honoraire.

OUVRAGE DÉDIÉ

A

M. MOREL, Gouverneur du Crédit Foncier de France

ET A

M. GAUWAIN, Sous-Gouverneur.

PARIS

IMPRIMERIE PAUL DUPONT

141, RUE .... RTRE (2ᵉ)

Guide Pratique

DU

Rédacteur au Contentieux amiable des Prêts

DU

CRÉDIT FONCIER DE FRANCE

PAR

Jules LANGLOIS, Chef de Bureau

SOUS LA DIRECTION DE

M. CHALAMEL, Chef de Division.

D'APRÈS LES CONSEILS ET AVEC L'APPROBATION DE

M. LETESTU, Chef de Division honoraire.

OUVRAGE DÉDIÉ

A

M. MOREL, Gouverneur du Crédit Foncier de France

ET A

M. GAUWAIN, Sous-Gouverneur.

PARIS

IMPRIMERIE PAUL DUPONT

144, RUE MONTMARTRE (2ᵉ)

1906

CRÉDIT FONCIER
DE FRANCE

A Monsieur MOREL, Gouverneur du Crédit Foncier de France,

A M. GAUWAIN, sous-Gouverneur du Crédit Foncier de France.

MONSIEUR LE GOUVERNEUR,

Veuillez me permettre de vous offrir, comme un hommage respectueux rendu par l'un de vos subordonnés, à votre habile autant que bienveillante direction, ce modeste ouvrage, qui n'a d'autre prétention que celle d'aider, dans les multiples détails de leur travail, les rédacteurs de l'un des services sous vos ordres, auquel j'appartiens depuis plus de 20 années et à la tête duquel l'Administration m'a fait l'honneur de me placer.

Si vous voulez bien lui reconnaître le mérite de répondre à ce but, je crois de mon devoir de vous déclarer que la plus grande part doit en revenir à l'homme éminent dont j'ai pendant longtemps recueilli les enseignements si sûrs et si lucides : M. Letestu, qui a bien voulu encore dans cette circonstance, m'aider de son expérience et de ses conseils et donner à mon travail l'approbation de sa haute autorité.

Qu'il me soit permis de lui rendre ici le témoignage de ma profonde gratitude.

En accordant votre agrément à ce travail, Monsieur le Gouverneur, vous me donnerez l'intime satisfaction de ne point me séparer tout à fait de mes chers collaborateurs et de continuer à servir encore notre Paternelle Maison du Crédit Foncier, même après qu'aura sonné pour moi l'heure prochaine de la retraite; et je vous en serai profondément reconnaissant.

Dans cet espoir, je vous prie d'agréer, Monsieur le Gouverneur, l'expression de mes sentiments très respectueusement dévoués.

J. LANGLOIS,
Chef du 6ᵉ bureau du Contentieux
des Prêts.

INSTRUCTIONS

Concernant le Service
DU
CONTENTIEUX AMIABLE DES PRÊTS (6ᵉ Bureau)

CHAPITRE PREMIER.

**Attributions, Direction et Organisation du Service.
Service d'ordre.
Répertoires. — Examen et renvoi des dossiers.**

1. — Le Service du Contentieux amiable des Prêts (6ᵉ bureau), est chargé de l'instruction et de la conduite de toutes les affaires nées d'incidents relatifs aux prêts, postérieurement à leur réalisation et de répondre à toutes demandes de renseignements sur la situation des prêts.

Il est fait toutefois exception à cette règle :

1° Pour toute affaire concernant un prêt dont le dossier est entre les mains du Service du Recouvrement des Prêts (R. P.) (Contentieux Judiciaire), à l'occasion de poursuites ou pour réclamations de semestres, ou dont le remboursement définitif a été opéré par les soins de ce service; auquel, dans ce cas, il incombe de donner à la demande la suite qu'elle comporte. Il en est de même quand l'arriéré se monte à trois semestres ;

2° Pour les demandes de règlement d'indemnité de sinistre (sauf le cas où l'indemnité doit être employée au remboursement total du prêt) ; pour les demandes de prorogation de

Affaires ressortissa[nt] du Service

délai, de réduction de taux d'intérêts, d'autorisation de démolir des constructions hypothéquées, espèces dont l'étude revient au Service des Prêts Hypothécaires (P. H.);

3° Quand il s'agit du renouvellement de polices d'assurance au nom de l'emprunteur ou d'un tiers détenteur admis à continuer le prêt; la surveillance de ces renouvellements incombe au même Service, Section des Assurances;

4° Enfin, pour les demandes de retrait de prêt différé, dont l'étude est du ressort du service des Actes de Prêts (A. P.).

2. — Les circonstances dans lesquelles le Service du Contentieux amiable des prêts peut être chargé d'un dossier sont donc les suivantes, dont l'énumération formera la base de la Division de la partie technique des présentes instructions :

1° Demande de renseignements sur la situation d'un prêt ;

2° Remboursements totaux ou partiels, soit par voie d'amortissement, soit par versements anticipés ; quittances et mainlevées consécutives à ces remboursements ; procurations pour quittances et mainlevées définitives ou partielles ;

3° Demande de dégrèvement de partie d'un gage, ou de limitation de l'hypothèque, par suite de vente, échange, licitation, partage ou donation ;

4° Demande de division de l'hypothèque à la suite des mêmes opérations et de désistement de l'action personnelle ;

5° Demande de translation d'hypothèque ;

6° Désistement d'antériorité ;

7° Mutation du gage à la suite de décès, partage, licitation, donation, vente ou échange ;

8° Opérations relatives aux *prêts à court terme*, aux *prêts en participation* avec le Crédit Foncier et Agricole d'Algérie, aux *prêts de la Banque Hypothécaire de France* et aux prêts faits aux propriétaires de bâtiments détruits ou endommagés par le *tremblement de terre* de 1887.

Organisation. Direction et division du Service.

3. — Au Chef de Bureau chargé de la Direction générale du service, sont adjoints deux Sous-Chefs délégués, chacun à la direction et à la surveillance directes d'un certain nombre de rédacteurs, groupés suivant la situation géographique des

immeubles hypothéqués à la garantie des prêts dont les dossiers leur sont attribués; un rédacteur principal est adjoint à chacun des Sous-Chefs, pour l'aider dans ses fonctions.

Le premier groupe comprend deux sections : celle de Paris et Seine-et-Oise (1re région) et celle de Nord et Est (2e région);

Le deuxième groupe comprend trois sections : Centre et Ouest (3e région), Sud-Est, Algérie et Corse (4e région), Sud-Ouest (5e région).

Les rédacteurs doivent présenter au visa du Sous-Chef de Bureau chargé du groupe auquel ils appartiennent, les minutes de lettres, rapports, avis de service à service, actes notariés ou sous seings privés et toutes pièces quelconques à mettre en circulation. Toutes les minutes de lettres, rapports et actes à soumettre à la signature de M. le Gouverneur sont ensuite centralisés entre les mains du Chef de Bureau et transmis à qui de droit par ses soins.

Service d'ordre

4. — Le service d'ordre est assuré par un employé placé sous la direction immédiate du Chef de Bureau et qui a pour mission :

1° D'inscrire sur des carnets ou agendas, dont un pour chaque région, toutes les lettres parvenues dans le service, en rappelant le numéro du Courrier et le nom de l'affaire;

2° De remettre lettres et agendas aux rédacteurs de la Région, lesquels après avoir pris connaissance des lettres inscrites, reconnu et mis sous deux chemises distinctes celles se rapportant aux affaires en cours, en indiquant sur chacune le numéro correspondant au rédacteur chargé du dossier, et celles concernant des affaires nouvelles; avoir dressé ensuite, pour pouvoir donner suite à celles-ci, la liste des dossiers à réclamer aux archives (Bureau Central), rendent le tout au commis d'ordre;

3°. De remettre au Bureau Central les demandes de dossiers de toutes les régions et donner en communication aux Sous-Chefs de Bureau les lettres et carnets d'inscription concernant les régions comprises dans leur groupe, afin qu'ils puissent s'assurer que les inscriptions ont été faites régulièrement et prendre la responsabilité des réponses à faire;

4° De répartir par régions les dossiers transmis par le

Bureau Central en joignant à chacun d'eux les lettres le concernant. La distribution desdits dossiers est faite ensuite par le Chef de Bureau entre les divers rédacteurs de chaque région, ou par chacun des Sous-Chefs pour son groupe ;

5° De mentionner sur les carnets, en marge de l'inscription de chaque lettre concernant une affaire nouvelle, le nom du rédacteur auquel a été attribué le dossier de cette affaire ;

6° De transmettre au service compétent les lettres concernant des affaires nouvelles, dont les dossiers sont indiqués par le Bureau Central comme étant dans un autre service, ou, si l'affaire à suivre incombe au Contentieux, réclamer le dossier au service qui le détient, par un avis que signera le Chef de Bureau ; — faire toutes recherches et démarches utiles pour placer les lettres restées en souffrance, retrouver les dossiers auxquels elles se rapportent, et renvoyer au service du Courrier celles destinées à des services étrangers, après avoir, dans chaque cas, mentionné le renvoi en marge de l'inscription de la lettre sur le carnet ;

7° D'inscrire, sur un carnet spécial pour chaque région, les avis de la Comptabilité signalant des versements de sommes à imputer sur des prêts ou l'existence à des comptes de prêts remboursés, de crédits ou de débits devant disparaître des registres ;

8° De distribuer ces avis si les dossiers sont en mains ou de réclamer ces dossiers au Bureau Central, s'ils ne sont pas déjà dans le service, pour en faire faire l'attribution par le Chef de Bureau, et d'indiquer le nom du rédacteur chargé de l'affaire, en marge de chaque inscription sur le carnet ;

9° D'établir les fiches de tous les dossiers distribués, indiquant le nom de l'emprunteur, le numéro du prêt, le département de la situation de l'immeuble, le nom du rédacteur et d'en faire le classement dans le casier à ce destiné ;

10° D'émarger sur les carnets les réponses faites aux lettres et aux avis, sur le vu des minutes de réponses aux lettres portant le timbre du départ, ou des talons de réponses aux avis ; minutes et talons sur lesquels le rédacteur a dû rappeler le numéro d'inscription correspondant du carnet. Il est fait observer que cet émargement doit être effectué à deux reprises pour les lettres nécessitant deux réponses, l'une provisoire et l'autre définitive, la première fois par un trait —, la seconde fois par une croix +. De même pour les avis qui comportent d'abord une demande d'application puis un renvoi de la quittance, le numéro d'inscription de l'avis devant à cet effet être rappelé par le rédacteur, tant sur le talon de la demande d'application que sur la minute de la lettre d'envoi, en faisant suivre le nom d'un trait — si la réponse n'est qu'une réponse provisoire;

11° De retirer du casier les fiches des dossiers dont les affaires sont terminées et dont le renvoi aux Archives a été signalé par le rédacteur.

5. — Les rédacteurs ne doivent traiter aucune affaire sans être préalablement mis en possession du dossier auquel elle se rapporte par l'attribution qui leur en est faite par leur Chef ou Sous-Chef de Bureau.

Exceptionnellement, quand un débiteur se présente, sans avis préalable, pour avoir un renseignement ou pour faire un remboursement sur son prêt, le rédacteur se fait autoriser par un avis signé du Chef ou Sous-Chef de Bureau ou du rédacteur adjoint à celui-ci, à retirer le dossier du Bureau Central afin de pouvoir donner satisfaction à son client; il remet ensuite l'avis d'autorisation entre les mains du Commis d'ordre pour que celui-ci établisse la fiche du dossier soit en son nom, soit au nom du rédacteur qui en sera chargé.

6. — Chaque rédacteur doit inscrire sur un répertoire disposé à cet effet (Annexe n° 1) tous les dossiers qui lui sont attribués aussitôt qu'il en est en possession et remplir au fur à mesure les diverses colonnes de ce répertoire indiquant la marche des affaires. En le consultant souvent, comme il doit le faire, le rédacteur pourra voir en un instant si quelqu'une n'est pas restée en souffrance et éviter ou réparer une omission ou un oubli qui pourrait lui attirer un blâme mérité. *Répertoires.* — *Répertoire général.*

En outre de ce Répertoire Général, où sont consignées toutes les affaires au fur et à mesure de leur entrée, deux autres répertoires spéciaux sont destinés à inscrire, l'un, les dégrèvements divisions, translations d'hypothèque, en un mot toutes les affaires de longue haleine qui doivent être présentées *Répertoires spéciaux :* — *Répertoire de dégrèvements divisions et C^s.* — *Répertoire de mutations.*

au Conseil d'Administration, après une instruction préalable nécessitant le plus souvent une visite du gage, et par suite la transmission du dossier au Service des Prêts Hypothécaires (P. H.); et l'autre, les mutations de prêts à régulariser par suite de donation, partage, licitation, vente ou échange du gage ou de décès des débiteurs (Annexes nos 2, 3).

Ces deux répertoires qui ne sont chacun qu'un extrait du répertoire général et doivent être suivis simultanément, sont établis dans le but de grouper suivant leur nature, les affaires dont la solution est quelquefois longue et dont il est ainsi plus facile de suivre la marche que sur le répertoire général, où elles se trouvent perdues au milieu du grand nombre des autres affaires dont l'expédition est plus prompte.

Renouvellement annuel du Répertoire. Au commencement de chaque année, le rédacteur ouvre de nouveaux répertoires en tête desquels il reporte le solde des affaires restant à liquider sur ceux de l'année précédente et inscrit sous une nouvelle série de numéros recommençant à 1, les affaires de la nouvelle année.

Table alphabétique. 7. — En plus des répertoires et pour faciliter les recherches, le rédacteur a entre les mains une table alphabétique où il inscrit tous les dossiers au nom de l'emprunteur et à celui du tiers détenteur s'il y a lieu, avec relation du numéro correspondant du répertoire général. Cette table alphabétique, de même que les répertoires, doit être tenue au jour le jour, de façon à ce que, en cas d'absence du rédacteur, toute personne, Chef ou Sous-Chef de Bureau ou collègue, puisse, par le simple examen de cette table, savoir si tel dossier recherché pour un motif quelconque, est ou non entre les mains du rédacteur.

Tous les dossiers dont l'attribution est faite à un rédacteur doivent être classés par les soins de celui-ci dans les casiers qui lui sont destinés, dans un ordre alphabétique rigoureux et en une série unique, avec le nom du rédacteur inscrit d'une façon très apparente en tête du casier.

8. — Le rédacteur doit répondre aux lettres le jour même ou au plus tard le lendemain du jour où elles lui sont remises. Si

la réponse ne peut être donnée qu'au moyen d'un renseignement qu'il doit se procurer dans un autre service, il devra immédiatement accuser réception de la lettre en promettant d'envoyer à bref délai le renseignement réclamé dont il fera la demande immédiatement au service compétent.

9. — Aussitôt que le rédacteur sera saisi d'une affaire et en possession du dossier la concernant, il devra d'abord s'assurer qu'il n'y a pas de dossier correspondant, et, s'il en existe, circonstance qui lui sera révélée par un ou plusieurs numéros inscrits sur la chemise du dossier dont il est chargé, au-dessous du numéro particulier de ce dossier, il devra, avant toute opération, se mettre en possession des dossiers indiqués et procéder pour tous à un examen minutieux et approfondi dont l'importance est capitale. *Examen des dossiers.*

Il devra d'abord s'assurer que chaque dossier est complet, c'est-à-dire qu'aucune des pièces nécessaires n'y fait défaut. Ces pièces sont : 1° la demande d'emprunt, les pièces et la correspondance y relatives; 2° le rapport préalable établi en vue de l'étude de la demande de prêt; 3° le contrat conditionnel du prêt; 4° l'acte de réalisation; 5° le bordereau d'inscription et les pièces hypothécaires, états et certificats de radiation; 6° la police d'assurance des constructions comprises dans le gage, établie au nom de l'emprunteur ou au nom du tiers détenteur, s'il y a eu mutation, ce qui sera révélé par une mention inscrite sur la première page du rapport au tableau *ad hoc*; 7° les divers rapports relatifs aux modifications survenues dans la consistance du gage ou dans la portée de l'hypothèque depuis l'emprunt, d'après les mentions inscrites au tableau de la deuxième page du même rapport initial;

Si le dossier est incomplet, le rédacteur devra, afin de dégager sa responsabilité, signaler l'absence des pièces manquant, par avis au Chef du Bureau Central, cet avis signé pour accusé de réception par ce dernier restera joint au dossier.

Le rédacteur aura ensuite à procéder à un autre examen du dossier quant au fond, de façon à s'initier complètement à l'affaire. Cet examen devra porter sur les divers points suivants, dont aucun n'est à négliger :

Il aura à voir :

1° Si tout le gage est situé dans le même arrondissement ou dans des arrondissements différents ;

2° Si tout les prêts correspondants ont un gage commun ou si l'un d'eux ou quelques-uns n'ont point, en outre du gage commun, un gage spécial ;

3° Si les prêts n'ont point été consentis pour venir après une rente viagère, auquel cas la valeur de la rente viagère doit être ajoutée au montant du prêt pour le calcul de la garantie statutaire ;

4° Si la consistance du gage, telle qu'elle est établie au rapport d'inspection préalable au prêt, n'a pas été modifiée depuis ; des modifications pourraient, en effet, y avoir été apportées dans les circonstances suivantes :

Antérieurement à la signature du contrat conditionnel, à raison d'insuffisance de justification sur le droit de propriété, d'une partie des immeubles hypothéqués, cette partie a pu être distraite de la garantie ou n'y avoir été maintenue que comme un gage supplémentaire, dont la valeur à ce titre ne devrait plus compter dans le calcul de la garantie statutaire ;

Postérieurement à la signature du contrat conditionnel, l'état des transcriptions requis à l'occasion du prêt a pu révéler l'aliénation de certains immeubles qui, n'appartenant plus à l'emprunteur, auraient été hypothéquées à tort ;

Enfin, depuis la réalisation, des dégrèvements ou transferts d'hypothèque ont pu être autorisés par le Conseil d'Administration.

5° Si la Société n'a pas été subrogée dans l'effet d'une inscription antérieure à celle prise à l'occasion du prêt par suite de remboursement qui en aurait été fait avec les deniers empruntés ;

6° Si le montant du prêt a été délivré intégralement ou s'il a été conservé une somme en prêt différé à raison ou de l'existence d'inscriptions primant celle de la Société et dont les mainlevées n'ont pu être obtenues, ou d'insuffisance momentanée des revenus ;

7° Si des remboursements de partie de la créance ont été effectués par des tiers subrogés légalement par ce fait, dans le bénéfice des inscriptions de la Société (sans pouvoir toutefois prétendre aux privilèges spéciaux du Crédit Foncier) ;

8° S'il n'a point été consenti de réduction du taux de l'intérêt du prêt avec condition de rappel de la différence entre le taux primitif et le taux réduit, en cas de remboursement avant un délai déterminé, particularité qu'il y aurait lieu de rappeler dans toute demande d'application d'une somme versée à valoir sur la créance;

9° S'il existe dans le dossier une cote spéciale établie par le Service du Recouvrement des Prêts (R.P.) ou l'Agence Judiciaire. Dans le cas d'affirmative, il y aura lieu de s'assurer si quelque partie du gage n'a pas été vendue par suite de saisie pratiquée par la Société ou par des tiers et s'il n'a pas été consenti de quittance subrogative à des tiers ayant payé des semestres arriérés ou un acompte sur le capital en l'acquit des débiteurs du prêt.

Régulièrement tous les faits et circonstances ci-dessus énoncés, devraient être consignés sommairement sur le cahier des rapports dans les colonnes et tableaux disposés à cet effet, mais comme il peut arriver qu'un rédacteur négligent ait omis de faire les mentions utiles, il est préférable, pour être certain de posséder complètement son dossier, de l'étudier en détail, de lire attentivement le contrat conditionnel de prêt et l'acte de réalisation et de rechercher tous les rapports particuliers et la correspondance établis à l'occasion de chaque incident et marquant ainsi les différentes phases de l'affaire.

Ce travail terminé, pour éviter au rédacteur, dans le cas où il s'agirait d'une affaire de longue haleine, l'ennui de recommencer plus tard cette étude ou, ce qui serait plus grave, de commettre quelque erreur provenant de l'oubli de l'une des particularités du dossier, nous lui conseillons de consigner sommairement le résultat de ses recherches sur la cote qui devra réunir la correspondance et les diverses pièces relatives à l'affaire en instruction. Cette mesure, qui n'est pas pratiquée habituellement, serait une heureuse innovation car elle aurait cet avantage de permettre non seulement au rédacteur chargé de l'affaire, mais encore à celui de ses collègues qui serait appelé à le suppléer en cas d'absence, de se mettre en un instant au courant du dossier, sans être obligé à de nouvelles recherches.

Renvoi des dossiers.

10. — Les rédacteurs doivent renvoyer au Bureau Central les dossiers qu'ils ont en mains aussitôt que sont terminées les affaires pour lesquelles ces dossiers leur ont été remis.

Avant de faire ce renvoi, ils doivent classer méthodiquement toutes les pièces de chaque dossier et faire sur le cahier des rapports, dans les colonnes préparées à cet effet, les annotations relatives aux opérations qu'ils auront traitées.

Ils remettront ensuite chaque dossier avec une fiche de renvoi épinglée sur la couverture, entre les mains du Sous-Chef de Bureau chargé de vérifier l'état de ce dossier et dont la signature sur la fiche en autorisera le transport au Bureau Central, pour en faire le classement aux Archives.

Dans le cas où un dossier est réclamé par un service autre que le Bureau Central ou doit être envoyé à un service autre que celui-ci, pour suivre une opération en dehors de la compétence du 6e bureau, le rédacteur devra, après avoir fait le classement du dossier et les annotations exigées sur le cahier des rapports, épingler sur la couverture une fiche avec talon (Annexe n° 25) indiquant le motif du renvoi et signalant la demande en cours d'instruction au 6e bureau, afin que le service auquel le dossier est adressé, puisse donner à l'affaire la suite qu'elle comporte si elle rentre dans ses attributions, et, sinon, l'invitant à retourner le dossier au 6e bureau aux fins utiles, dès qu'il ne lui sera plus nécessaire. Après vérification, le Sous-Chef de Bureau autorise par sa signature sur la fiche, la remise du dossier au service du Recouvrement des Prêts, si c'est à ce service qu'il est destiné ou, dans le cas contraire, son transport au Bureau Central qui le fait parvenir au bureau compétent.

CHAPITRE II.

Demandes de Renseignements concernant les prêts.

11. — En présence d'une demande quelconque de renseignements sur un prêt, le rédacteur doit avant tout se pénétrer de ce principe que le Crédit Foncier se considère comme tenu à l'égard de ses clients débiteurs à l'observance la plus strictement rigoureuse du secret professionnel.

En conséquence, cette considération doit faire écarter de prime abord toute demande qui ne proviendrait ni du débiteur ni du notaire détenteur de la minute du contrat d'emprunt ; ni de toute autre personne obligée à la dette comme caution, tiers détenteur, héritier ou légataire, ou d'un créancier ayant cédé son droit d'antériorité.

Le rédacteur n'en doit pas moins répondre au correspondant pour lui accuser réception de sa lettre et l'informer de l'impossibilité de faire droit à sa demande ; mais cette réponse doit être conçue en termes tels qu'elle ne puisse être considérée comme une affirmation ou une négation de l'existence de la dette. Le rédacteur doit donc simplement exprimer d'une manière générale « que la Société a pour règle absolue de ne « donner aucun renseignement sur ses prêts, si ce n'est au « notaire rédacteur de la minute du contrat ou au débiteur « lui-même ou sur l'autorisation écrite de ce dernier ».

Si une autorisation écrite du débiteur est produite et qu'il n'y ait pas au dossier le moyen de contrôler l'exactitude de la signature, soit par la correspondance antérieure, soit par la demande d'emprunt, le renseignement sera envoyé au débiteur lui-même, qui en fera, s'il le juge utile, la communication à la personne par qui la demande en aura été faite et qui sera elle-même avisée de cette détermination.

Les renseignements demandés sur les prêts portent le plus souvent sur les points suivants :

1° Date et durée du prêt, date d'échéance des semestres d'annuités ;

2° Consistance du gage ;
3° Explications sur le jeu de l'amortissement ;
4° Situation du capital à une date déterminée ;
5° Situation des semestres.

Pour les deux premiers points, le rédacteur trouvera dans le contrat conditionnel du prêt les éléments de la réponse ;

Le troisième présente plus de difficultés : la presque totalité des emprunteurs et même certains notaires ne se rendent aucun compte du jeu de l'amortissement et, très souvent, manifestent un étonnement profond de voir qu'au bout de quelques années le prêt n'est amorti que d'une façon presque insignifiante, alors qu'ils comptaient sur une diminution proportionnelle au nombre d'années déjà écoulées comparativement à la durée totale.

Le rédacteur aura donc souvent à réfuter cette erreur et à expliquer que le chiffre de l'amortissement n'étant annuellement que de la différence entre le montant de l'annuité et celui des intérêts calculés au taux fixé par le contrat de prêt et ne s'augmentant par suite, chaque année, que d'une somme égale au montant des intérêts de la somme amortie dans l'année précédente, il en résulte que l'amortissement, très faible les premières années, ne croît sensiblement que lorsqu'il a déjà fonctionné un certain temps, et par une progression inversement proportionnelle, à la durée totale du prêt.

Quant aux renseignements sur la situation du capital ou sur celle des semestres, le rédacteur ne les trouvera que très exceptionnellement dans le dossier nouvellement attribué. Il devra se les procurer en en faisant la demande au service de la Comptabilité Générale par avis à faire signer au Sous-Chef de Bureau (Annexe n° 26). Dans ce cas, comme chaque fois que la réponse à une lettre sera subordonnée à un renseignement à obtenir d'un autre service, le rédacteur devra adresser au correspondant une réponse provisoire accusant réception de sa lettre et lui annonçant que les renseignements demandés lui seront prochainement transmis (Annexe n° 4). S'il s'agit d'un renseignement en vue d'une déclaration de succession (Annexe n° 5) ; s'il s'agit d'un renseignement en vue d'un remboursement (Annexes n°⁸ 7 et 8).

Dès que le renseignement requis est parvenu de la Comptabilité, l'envoi en est fait au correspondant, suivant les cas, soit par lettre manuscrite, soit par lettre imprimée (Annexe n° 6). A défaut d'indication précise de la raison pour laquelle le renseignement est demandé, on devra inviter le correspondant, pour le cas où ce serait en vue d'une mutation de la propriété du gage ou à la suite de cette mutation, à en aviser la Société, en faisant connaître la date et la nature des actes d'aliénation et les noms et adresse du nouveau propriétaire. Si le renseignement est demandé en vue d'une vente judiciaire, l'affaire doit être renvoyée sans retard au service du Recouvrement des Prêts.

CHAPITRE III.

Remboursements de Prêts. — Quittances et mainlevées consécutives aux remboursements ou à l'extinction de la créance par amortissement, ou à une restriction de l'hypothèque. — Procurations pour quittances et mainlevées.

12. — Les débiteurs des prêts du Crédit Foncier à long terme ont, d'après les stipulations du Contrat d'emprunt, la faculté de rembourser leurs prêts par anticipation, soit en totalité, soit par fractions non inférieures au vingtième du capital restant dû, à la charge, pour tous, d'une indemnité de 0.50 0/0 du capital remboursé et, pour les prêts consentis depuis une certaine époque (tous ceux portant un numéro supérieur à 69,700 environ), l'obligation de prévenir la Société quinze jours à l'avance de leur intention de rembourser et l'énonciation du chiffre du versement offert, s'il s'agit d'un remboursement partiel.

Par qui peut être fait le remboursement d'un prêt.

13. — Le remboursement d'un prêt ne doit pas être accepté indistinctement de toute personne qui se présente pour le faire ou l'offre par correspondance, mais seulement des personnes dont l'indication suit :

1° Le débiteur lui-même ou l'un des débiteurs, si le prêt est dû par plusieurs co-obligés conjointement;

2° Le mandataire même verbal des débiteurs ou de l'un d'eux porteur de leurs deniers. Dans ce cas, la quittance est établie au nom des mandants sans indication du porteur des fonds;

Exceptionnellement toutefois, quand le versement est fait par un notaire, une Banque ou Société Financière, sur l'ordre du débiteur, la quittance peut indiquer que la somme versée est reçue de M... (débiteur) par les mains de M... (notaire ou banquier). Il peut même, dans ce cas, être délivré une double quittance de paiement, dont l'une par duplicata, si la demande en est faite; l'avis à donner au porteur des fonds pour se présenter à la Caisse et celui à envoyer à la comptabilité pour demander l'application doivent porter ces indications qui sont reproduites sur la quittance ;

3° Les héritiers ou légataires universels du débiteur décédé ou l'un d'eux, après justification de leurs qualités, ou leur notaire ou mandataire, même verbal, porteur de leurs deniers.

Si le paiement est fait par un seul des héritiers ou un seul de plusieurs co-obligés solidaires ou de ses deniers personnels, mention doit être faite de cette particularité sur le reçu provisoire et sur la quittance définitive en raison de la subrogation légale acquise dans ce cas au payant et les avis à la Caisse et à la Comptabilité doivent être rédigés en conséquence,

4° Le créancier hypothécaire postérieur en rang au Crédit Foncier après justification, tant de sa qualité, par la représentation de son titre et du bordereau de son inscription, que du consentement du débiteur au paiement, ou à défaut de ce consentement, après offres de remboursement par acte extrajudiciaire ;

5° L'acquéreur de la totalité du gage qui ayant préalablement justifié de son acquisition, a été admis à la continuation du prêt et porté en nom sur les registres de la Société, et au nom duquel peuvent être délivrés le reçu provisoire et la quittance de remboursement.

Il en serait autrement et le remboursement ne devrait être accepté que dans les conditions qui vont être indiquées ci-après dans le cas où il serait offert avant les notifications prescrites par l'article 2183 du Code Civil pour la purge des hypothèques inscrites, soit par un acquéreur de la totalité du gage non admis à la continuation du prêt, soit par un acquéreur de partie seulement des immeubles hypothéqués.

14. — Si le remboursement du montant total du prêt est offert par un acquéreur de la totalité du gage ou d'une partie seulement *dont le prix est suffisant pour couvrir la créance*, il ne saurait être refusé; les acquéreurs ont le droit de l'offrir pour dégager les immeubles par eux acquis de l'hypothèque qui les grève. Ce serait à tort que l'on invoquerait, pour refuser le remboursement, les dispositions de l'article 38 du décret du 28 février 1852 et de la loi du 10 juin 1853. Il résulte, en effet, de ces dispositions qu'après les notifications et l'expiration des

délais de surenchère, l'acquéreur sera tenu, nonobstant l'existence de ses privilèges, oppositions et inscriptions, de verser son prix, jusqu'à concurrence du montant de la créance du Crédit Foncier, aux mains de cette Société et que ce versement, fait seulement à titre provisionnel, ne deviendra définitif que jusqu'à concurrence du montant de la collocation de la Société sur le prix en distribution, l'excédent devenant restituable aux créanciers privilégiés ou autres qui auraient été colloqués par préférence. Mais ces dispositions spéciales ne détruisent pas celles de droit commun qui permettent à l'acquéreur d'un immeuble hypothéqué soit de profiter des termes et délais accordés à son vendeur, tant que le droit de suite du créancier sur l'immeuble est resté intact, soit de rembourser les créances hypothécaires en se substituant à ses risques et périls, dans le bénéfice des inscriptions les conservant, soit de purger les hypothèques en faisant les notifications prescrites par les articles 2183 et suivants du C. C. pour mettre les créanciers en demeure de faire une surenchère, s'ils le jugent utile, ou de procéder à la distribution du prix par voie d'ordre.

Toutefois, en acceptant le remboursement total de la créance offert par l'acquéreur ou les acquéreurs du gage, avant les notifications et dans le but évident d'éviter les frais et les longueurs d'un ordre judiciaire, il sera prudent afin d'établir nettement la situation et de dégager la responsabilité de la Société, d'indiquer sur la quittance administrative ou notariée à délivrer à cette occasion que le paiement est ainsi fait par l'acquéreur, à ses risques et périls, non pas à titre provisionnel, dans le sens des articles 38 du décret du 28 février 1852 et 7 de la loi du 10 juin 1853, mais à titre définitif et sans recours quelconque contre le Crédit Foncier. De cette façon, on laisserait peser toute la responsabilité d'un paiement fait prématurément, sur l'acquéreur, qui aurait ainsi à supporter seul, sauf son recours contre le notaire, s'il y avait lieu, les conséquences, soit des notifications à faire à des créanciers inscrits qui refuseraient leur mainlevée et à la suite desquelles pourrait survenir une surenchère qui le déposséderait de l'immeuble, soit de l'ouverture d'un ordre auquel il aurait à produire lui-même à ses risques et périls, aux lieu et place de la Société, comme subrogé dans les droits de celle-ci en vertu de l'article 1251 § 2 du C. C., sauf à subir la collocation, par préférence à lui-même, de créanciers privilégiés dont il pouvait ignorer l'existence. Il y a lieu, dans ce cas, de ne consentir la quittance que dans la forme authentique. Cette quittance ne devra contenir mainlevée de l'inscription que sur la réquisition expresse de l'acquéreur qui aura fait le remboursement, réquisition mentionnée en l'acte même.

15. — Si le remboursement partiel est offert par un acquéreur de partie du gage, il ne saurait être accepté *de plano*, comme le remboursement total, pour cette raison que l'encaissement de ce prix impliquerait de la part de la Société l'acceptation de la vente et par suite la renonciation au droit de surenchère et l'obligation de dégrever l'immeuble vendu. Or, cet immeuble pourrait avoir été aliéné pour un prix inférieur à sa valeur réelle, opération qui répétée plusieurs fois et sur diverses fractions des immeubles hypothéqués, pourrait avoir pour résultat définitif de laisser le Crédit Foncier en présence d'un restant de gage tout à fait insuffisant pour couvrir le solde de sa créance.

Dans ces conditions, l'acceptation d'un remboursement partiel doit être subordonnée à une décision qui devra être prise par le Conseil d'Administration de la Société, sur la demande du titulaire du prêt ou de son notaire ; décision par laquelle le Conseil reconnaissant, ou que le prix est suffisant et acceptable ou que le gage restant est lui-même de valeur suffisante pour garantir statutairement la créance, autorisera à des conditions déterminées, le dégrèvement de l'immeuble aliéné.

Si l'acquéreur ne peut remplir les conditions exigées, il devra notifier son contrat aux créanciers inscrits et se libérer par voie d'ordre.

16. — Dans le cas où le prix de la vente d'une partie du gage insuffisant pour rembourser intégralement la créance de la Société, aurait été versé par voie d'envoi de fonds, sans avis préalable de l'Administration sur l'opportunité du versement, l'application doit en être suspendue ; le correspondant sera averti que les fonds ne sont acceptés que sous toutes réserves, et ne produiront intérêts qu'au taux de 0,50 0/0 appliqué aux dépôts de sommes en compte courant, jusqu'à ce qu'il ait été

statué par le Conseil d'Administration sur le dégrèvement de l'immeuble objet de la vente.

17. — Une autre question se pose quand l'acquéreur de la totalité du gage offre le paiement de son prix pour être affecté au remboursement du premier de deux ou plusieurs prêts du C. F. grevant son immeuble. Une clause particulière inscrite dans les contrats conditionnels de prêts faits sur des gages déjà grevés d'un ou de plusieurs précédents emprunts, stipule que les divers prêts consentis successivement sur le même immeuble, seront considérés comme ne faisant qu'une seule et même créance et ne pourront être remboursés séparément par voie de subrogation, à moins que le créancier, ayant droit à la subrogation, ne reconnaisse au Crédit Foncier le premier rang hypothécaire pour les prêts subséquents non remboursés. .
Cette clause doit être opposée à toute offre d'un remboursement duquel résulterait au profit d'un tiers le bénéfice de la subrogation dans l'une de plusieurs inscriptions du Crédit Foncier autre que la dernière en date, quand ce tiers est un bailleur de fonds dans les conditions de l'article 1250 § II du C. C., ou un codébiteur, un héritier de l'emprunteur, un acquéreur soit de la totalité, soit de partie du gage, réclamant le bénéfice de l'article 1251 et qui, par l'effet de la subrogation résultant du paiement effectué, se trouverait avoir, sur les immeubles hypothéqués à la garantie des prêts subséquents, des droits préférables à ceux du Crédit Foncier.

18. — Le remboursement d'un prêt ne doit jamais être accepté d'un tiers en vue d'obtenir la subrogation conventionnelle dans le sens de l'article 1250 § I du C. C.; d'abord parce qu'il est de l'intérêt du Crédit Foncier de ne pas favoriser le remboursement anticipé de ses prêts et ensuite parce qu'il serait imprudent de garantir à un tiers la subrogation dans des droits résultant pour la plupart d'une loi spéciale dont le bénéfice pourrait être contesté à une personne autre que le Crédit Foncier. La jurisprudence n'étant pas, en effet, très bien établie à cet égard, beaucoup de notaires évitent prudemment, pour leurs clients, le placement par subrogation dans les hypothèques du Crédit

Foncier, ou du moins n'admettent cette subrogation que comme un supplément de garantie à l'appui d'une obligation directe conservée par une inscription spéciale (article 1250 C. C. § II). Par exception à la règle ci-dessus, on accepte toutefois le paiement par un tiers de semestres arriérés avec subrogation conventionnelle au profit du payant. Mais cette opération n'est pratiquée que par le Service du Recouvrement des Prêts.

19. — Le remboursement d'un prêt peut, au choix du débiteur être effectué soit à Paris au siège du Crédit Foncier, par versement à la Caisse de la Société, ou par envois de fonds ou mandats sur la poste, sur la Banque de France ou autre Société financière, soit en province entre les mains des Trésoriers Généraux ou des Receveurs particuliers des Finances, seuls correspondants autorisés par le Crédit Foncier pour ses opérations de Trésorerie ; mais dans ce dernier cas, en outre de l'indemnité de 0,50 0/0 dont il est question ci-dessus, le remboursement donne lieu à une commission, à titre d'indemnité de transport de fonds, qui est fixée par le contrat de prêt à 1/8, soit 0,125 0/0 sur le versement à la Trésorerie Générale et à 1/4, soit 0,25 0/0 sur les versements dans une recette particulière. *Mode et lieu de remboursement.*

20. — Chaque fois que de la correspondance relative à un remboursement total ou partiel il résulte que le remboursement a été effectué à la suite d'une vente de la totalité ou de partie du gage, le rédacteur, s'il n'est fixé à cet égard d'une façon certaine, soit parce que le paiement a eu lieu directement par l'acquéreur, soit par suite d'une déclaration expresse du notaire, devra s'enquérir auprès de ce dernier si les fonds employés au remboursement appartiennent au vendeur comme lui ayant été versés par l'acquéreur sur quittance au contrat ou subséquente, ou s'ils sont versés directement par l'acquéreur, de ses deniers, en l'acquit de son vendeur.

L'intérêt de cette question est de savoir si, du paiement effectué, résulte ou non subrogation au profit de l'acquéreur, subrogation dont il pourrait se prévaloir s'il a payé directement et de ses deniers et qui nécessiterait son intervention à la mainlevée qu'aurait à consentir le Crédit Foncier en conséquence du versement.

21. — Les remboursements anticipés ne sont reçus à la Caisse que sur un avis du Service du Contentieux, juge de l'opportunité de l'encaissement. De même il n'est fait emploi des sommes ou mandats adressés ou déposés en vue d'un remboursement de prêt, ni virement de sommes à prendre sur un compte courant ou un compte de correspondant que sur un avis du même service. De même aussi, les Trésoriers Généraux et Receveurs Particuliers ne doivent accepter aucun versement à titre de remboursement sur un prêt du Crédit Foncier sans un avis de l'Administration.

22. — La somme offerte doit être au moins du vingtième du capital restant dû. Toute offre de somme inférieure à ce minimum fixé par le contrat du prêt, doit être refusée ou, si la somme a été adressée sans avis préalable, le débiteur doit être prévenu que l'emploi n'en pourra être effectué qu'après le versement de somme suffisante pour parfaire le vingtième et qu'elle sera considérée jusque-là comme un dépôt en compte courant productif seulement d'intérêt au taux de 0 fr. 50 0/0.

23. — Quand le débiteur qui veut se libérer a prévenu en temps utile, 15 jours à l'avance, s'il est tenu par son contrat à observer ce délai, 5 jours au moins dans le cas contraire, le rédacteur en avise la Comptabilité à l'effet de faire préparer pour le jour convenu, le décompte de remboursement et la quittance à remettre au porteur des fonds. Cet avis à talon (Annexe n° 27) doit porter en vedette le mot : *Caisse*, contenir le nom du rédacteur, l'indication du prêt : (nom de l'emprunteur et numéro du dossier), de la date fixée pour le paiement, du chiffre du versement offert; il mentionnera que le délai d'avertissement préalable a été observé, ou, dans le cas contraire, que les intérêts des sommes comprises au remboursement doivent être calculés jusqu'à la date d'expiration de ce délai; qu'il doit être établi une quittance administrative.

On y insérera le cas échéant les énonciations particulières à l'espèce, par exemple si le paiement est fait par une tierce personne ayant droit à la subrogation, ou s'il est nécessaire d'établir une quittance authentique.

Lorsque le versement annoncé pour être effectué à une date fixée sera supérieur à soixante-dix-neuf mille francs, le rédacteur en informera immédiatement la Caisse principale par un avis spécial. Dès que le décompte préparatoire lui est parvenu le rédacteur le transmet à son correspondant. (Annexe n° 10.)

Par l'envoi que lui fait la Comptabilité quelques jours après la date fixée pour le paiement du décompte d'application du remboursement *passé au journal*, le rédacteur est averti que l'opération s'est effectuée, dans les conditions prévues. Il classe ce décompte au dossier après avoir mentionné le remboursement au tableau à ce destiné, à la deuxième page du cahier des rapports, et l'affaire se trouvant ainsi terminée, il ne lui reste plus qu'à renvoyer son dossier au Bureau Central en se conformant aux instructions ci-dessus rappelées.

24. — Si, au contraire, le débiteur ou le porteur des fonds se présente pour faire un remboursement anticipé sans avoir prévenu, l'opération se complique un peu. Faute d'avertissement, en effet, la quittance administrative n'ayant pu être préparée d'avance, comme dans le cas précédent, il ne pourra être délivré qu'un reçu provisoire de la somme offerte. Dans ce cas, après avoir demandé au porteur des fonds, soit la production d'une quittance de semestre, soit les renseignements suffisants pour retrouver le prêt en question (nom de l'emprunteur, chiffre du prêt, situation du gage) le rédacteur se fait remettre le dossier par le Bureau central, en ayant soin de faire établir la fiche par le préposé au service d'ordre. Il doit examiner ensuite si la personne qui se présente ou au nom de laquelle on se présente, a qualité pour faire le versement offert et si ce versement est soumis à l'avertissement préalable de quinzaine, auquel cas il fait signer au porteur des fonds une réquisition énonçant que le paiement est offert valeur quinze jours seulement après celui du versement. A défaut d'acceptation de cette condition, le paiement doit être refusé et la date en être reportée à l'expiration de ce délai. Dans le cas contraire,

comme dans tous ceux où l'avertissement préalable n'est pas imposé, le rédacteur remet au porteur des fonds un avis à talon, pour la Caisse, portant les indications suffisantes pour rédiger le reçu provisoire à délivrer en échange des fonds : le nom du débiteur, le montant originaire et le numéro du prêt, les énonciations particulières relatives à la qualité du payant, si celui-ci est un tiers ayant droit à la subrogation, et enfin le nom du rédacteur sur le talon (Annexe n° 24).

Le rédacteur averti par le retour du talon que le versement a été effectué, doit immédiatement, par un avis à la Comptabilité (Annexe n° 27) demander : 1° l'application de la somme versée, c'est-à-dire l'emploi de cette somme au remboursement du prêt, simple jeu d'écritures qui consiste à faire passer ladite somme du compte d'attente : *fonds destinés* au crédit du prêt ; 2° la rédaction d'une quittance administrative en rappelant, dans le cas de paiement par une personne ayant droit à la subrogation légale, les noms et qualités de cette personne (acquéreur, co-obligé ou héritier pour partie) en la forme suivante : reçu de M... (l'emprunteur ou le débiteur substitué admis à continuer le prêt) par les mains de M... acquéreur du gage ou son héritier pour partie, *ainsi déclaré*.

Sur le vu de cet avis, la Comptabilité passe les écritures du remboursement, délivre la quittance définitive qui sera remise au porteur du reçu provisoire en échange de ce reçu ou adressée au client par la poste si le versement a eu lieu par envoi de fonds ou par prélèvement sur compte courant (lettre annexe n° 12). Elle envoie en même temps au service du Contentieux le décompte de remboursement. Le rédacteur n'a plus qu'à mentionner le remboursement sur le rapport, à classer le décompte au dossier et à renvoyer celui-ci aux archives.

25. — Quand le paiement doit avoir lieu dans une Trésorerie Générale ou une recette particulière, le rédacteur dès qu'il est informé par le débiteur ou par son notaire, de la date et de la somme proposées et qu'il est mis en possession du dossier, avise son correspondant (formule lettre imprimée, annexe n° 9) qu'il va faire établir le décompte nécessaire et le transmettre au Trésorier Général du département. C'est à ce dernier, en effet, que doit être adressée toute la correspondance, même

quand le versement doit être fait dans une recette particulière, auquel cas le Trésorier Général transmet au Receveur particulier les instructions et pièces utiles. Ce ne sera donc que très exceptionnellement et s'il y a urgence que l'on correspondra avec ce dernier et encore devra-t-on en donner avis au Trésorier, seul mandataire de la Société.

Le rédacteur transmet ensuite à la Comptabilité une demande de décompte de remboursement de la somme proposée à la date convenue (Annexe n° 27), avec avis d'y comprendre la commission de 1/4 ou 1/8 0/0 due suivant le cas pour transport de fonds, et par provision, si le remboursement est total, le coût de la procuration pour mainlevée (14 fr. 90 si la légalisation est nécessaire, dans l'hypothèse contraire 14 fr. 40). Il l'invite en même temps à fournir le décompte à une date fixée de façon à ce qu'il puisse être expédié et arriver à destination avant le jour pris pour le paiement.

Dès que ce décompte est parvenu au rédacteur, celui-ci en fait une copie (Annexes n°s 28 et 29) qu'il envoie au Trésorier Général (lettre imprimée, annexe n° 11), en y ajoutant les indications utiles, pour le cas où le reçu provisoire à délivrer par le Trésorier Général ou le Receveur particulier, devrait contenir quelques énonciations spéciales à raison de remboursement effectué par une personne ayant droit à la subrogation légale.

Le rédacteur doit attendre ensuite que lui parvienne l'avis de la Comptabilité l'informant que le versement projeté a été effectué ou même en provoquer l'envoi s'il ne parvient pas en temps normal. Dès qu'il est en possession de cet avis, il demande à la Comptabilité (Annexe n° 27) l'application de la somme versée et la délivrance de la quittance administrative, en précisant le chiffre et la date du versement. Il indiquera la date à laquelle l'application doit en être faite, en tenant compte, s'il y a lieu du délai de quinzaine et en rappelant les énonciations spéciales à insérer dans la quittance. Il est d'usage de joindre à cette demande le décompte préparatoire fourni précédemment par la Comptabilité pour faciliter le travail de ce service.

Quand ce décompte et la quittance administrative lui sont parvenus, le rédacteur transmet cette quittance à la Trésorerie Générale du Département où le paiement a eu lieu (lettre imprimée, annexe n° 13) fait les annotations sur le cahier des rapports et renvoie son dossier pour être classé au Bureau Central.

26. — Si le débiteur d'un prêt est titulaire d'un compte courant et demande à faire un remboursement soit partiel soit total au moyen d'un prélèvement sur ce compte, demande dont il lui est d'abord accusé réception (lettre imprimée, annexe n° 8), l'opération se fait au moyen d'un avis à la Comptabilité contenant ordre de virement de la somme offerte du compte courant du débiteur à son compte de prêt, et d'application de ladite somme au remboursement, valeur au jour de la réception de la demande, si le prêt n'est pas sujet à avertissement préalable et dans l'hypothèse contraire, valeur à quinzaine de ce jour. La lettre du débiteur est jointe à cet avis. Dès que la quittance avec le décompte d'application sont parvenus au rédacteur, il en fait l'envoi par la poste à l'intéressé (lettre imprimée, — annexe n° 12).

27. — Quand un remboursement a lieu soit par envoi de fonds soit par versement à une Trésorerie Générale ou à une Recette Particulière dans le mois qui précède ou dans celui qui suit l'échéance du semestre, le rédacteur, avant de faire faire l'application de la somme versée doit s'enquérir près de la Comptabilité de la situation du prêt relativement aux semestres afin de savoir, si le semestre dont l'échéance est voisine est ou non acquitté et, si la réponse est négative, il demandera par lettre au Trésorier, au client ou au notaire correspondant si ce semestre a été ou doit être acquitté en outre de la somme dont l'application est à faire ou si au contraire il doit être pris sur cette somme. Renseigné à cet égard, il fera faire l'application en conséquence, réservant s'il y a lieu le semestre.

28. — Quant un remboursement est effectué par le titulaire de deux ou plusieurs prêts consentis sur les mêmes immeubles à des taux différents ou sur des gages distincts, il y a lieu de faire préciser par la partie intéressée sur quel prêt doit être faite l'imputation.

Avant toute application d'une somme versée en remboursement d'un prêt, le rédacteur doit s'assurer qu'il n'a pas été consenti de réduction du taux de l'intérêt avec stipulation de rappel de la différence entre le taux primitif et le taux réduit. Dans le cas contraire, on en fera mention dans la demande d'application ; si une inscription a été prise pour assurer cette restitution on l'énoncera dans la mainlevée si le remboursement est définitif.

29. — Quand les fonds offerts en remboursement soit total soit partiel du prêt proviennent d'une indemnité d'incendie encaissée ou à encaisser soit par l'emprunteur après désistement du Crédit Foncier, soit par la Société elle-même de la Compagnie d'assurances, la demande d'application doit en faire mention et indiquer que l'indemnité de 1/2 0/0 ne doit pas être perçue ; le remboursement dans ces conditions n'étant pas volontaire mais imposé par un cas de force majeure, ainsi qu'il est stipulé d'ailleurs par l'article 69 des Statuts.

<small>Remboursement provenant d'indemnité de sinistre.</small>

Ces opérations sont du ressort du Contentieux seulement quand le débiteur renonçant à reconstruire l'immeuble incendié, met à la disposition du Crédit Foncier le montant de l'indemnité, en vue d'opérer le remboursement total de la créance.

Il y a lieu alors de distinguer :

1° Si le chiffre de l'indemnité supérieur au montant de la créance du Crédit Foncier revient en partie à la Société et en partie au sinistré ou à d'autres créanciers.

Et dans cette hypothèse, si la Compagnie débitrice consent à scinder l'opération et à remettre au Crédit Foncier sur sa quittance la somme qui lui revient ou si au contraire elle ne veut payer que sur une quittance collective du Crédit Foncier et des autres intéressés ;

2° Si le chiffre de l'indemnité, inférieur au montant de la créance du Crédit Foncier doit être encaissé entièrement par la Société.

Voici comment on procède dans ces diverses espèces :

1° Quand le montant de l'indemnité est suffisant pour rembourser totalement le Crédit Foncier et que la Compagnie d'assurance consent à scinder l'opération et à verser séparément à la Société la somme qui lui est due :

Le rédacteur après s'être mis d'accord avec la Compagnie d'assurance sur ce point et sur la date du paiement, fait établir le décompte de la créance à cette date et en envoie copie au notaire correspondant ou au débiteur du prêt avec prière de renvoyer à la Compagnie d'assurance cette copie revêtue de l'approbation de ce dernier et de sa signature légalisée par le Maire. Il donne le même jour avis à la Comptabilité de faire établir la quittance administrative de remboursement pour la date fixée et en même temps avis à la Caisse que le remboursement du prêt doit avoir lieu à cette date, en invitant ce service à désigner un agent pour faire l'encaissement. Quelques jours avant la date indiquée, le rédacteur rédige et fait signer à M. le Gouverneur une lettre à l'adresse du directeur de la Compagnie d'assurance débitrice de l'indemnité, l'informant « que « par suite du remboursement total effectué ce jour par la Com- « pagnie d'assurance en l'acquit de M..... du prêt de..... « fait à ce dernier par le Crédit Foncier par actes devant « Mᵉ....., notaire à ..... des ..... l'opposition faite par le « Crédit Foncier entre les mains de ladite Compagnie est deve- « nue sans objet et doit être considérée comme nulle et non « avenue ».

Le rédacteur porteur de cette lettre et l'agent de la Caisse porteur de la quittance, se présentent au jour convenu à la Compagnie d'assurance qui rembourse le montant de la créance contre remise de ces deux pièces ;

2° Dans le cas où la somme à toucher est inférieure à la créance du Crédit Foncier, on procède de la même façon, à cette exception près qu'il n'y a pas à requérir du débiteur l'approbation du compte de la créance et que la quittance de remboursement partiel est remplacée par un simple reçu de caisse constatant le paiement de la somme versée dont l'applition au remboursement du prêt est requise ensuite par le rédacteur.

Quand la Compagnie d'assurance refuse de scinder l'opération et tient à ne remettre les fonds que sur quittance collective, le rédacteur invite l'intéressé à faire préparer et à se faire remettre par l'agent local de la Compagnie la formule d'une quittance de l'indemnité à encaisser, à y apposer sa signature qu'il fera légaliser par le maire de sa commune et à faire parvenir cette quittance au Crédit Foncier qui se chargera de l'encaissement.

Cette quittance est transmise par le rédacteur au service de la Caisse avec un avis invitant ce service à la faire signer par M. le Gouverneur puis à en faire l'encaissement au siège de la Compagnie d'assurance, à charge de tenir compte de la différence au sinistré.

On doit éviter autant que possible cette dernière alternative afin de n'avoir pas la responsabilité des fonds reçus en trop et des oppositions qui pourraient survenir.

Si l'opération doit se traiter avec une Compagnie d'assurance dont le siège est en province, ou avec un agent en province d'une Compagnie parisienne ou étrangère, elle pourra se faire par l'intermédiaire du Trésorier Général ou du Receveur particulier à qui le rédacteur adressera à cet effet les pièces et instructions nécessaires pour l'encaissement. Il aura de plus à mettre ce fonctionnaire en rapport avec la Compagnie intéressée et avec le sinistré, notamment dans le cas où une partie de l'indemnité devrait être touchée par ce dernier sur une quittance unique.

30. — Il est un autre mode exceptionnel de remboursement sur lequel nous devons encore appeler l'attention du rédacteur, c'est celui qui s'opère au moyen de l'emploi sur la demande du débiteur, du montant d'un prêt différé, c'est-à-dire d'une somme retenue par le Crédit Foncier sur le montant d'un prêt et conservée dans ses caisses, pour n'être remise à l'emprunteur que sur la production de certaines justifications imposées par le Conseil d'Administration ou par le Contrat de réalisation : mainlevée d'inscriptions primant celle du Crédit Foncier, achèvement de constructions commencées, réalisation d'un chiffre de location déterminé, etc.

Remboursement par emploi de somme retenue en prêt différé.

Quand il ne s'agit que de la remise pure et simple du prêt différé à l'emprunteur ou de l'emploi de cette somme à un remboursement partiel du prêt, l'affaire est de la compétence du Service des Actes de Prêt, juge de l'opportunité de la remise ou de l'emploi demandé. Le dossier est ensuite renvoyé par ce service à celui du Contentieux pour faire l'application de la somme devenue libre au remboursement si elle doit recevoir cette destination.

Le retrait d'une somme retenue en prêt différé après remboursement total de la dette sans qu'il ait été fait emploi de cette somme, est également du ressort du Service des Actes de Prêts.

Quand, au contraire, la somme retenue en prêt différé doit être employée à parfaire le remboursement total, l'affaire est entièrement du domaine du Contentieux et elle se traite de la manière suivante :

Le rédacteur informé de l'intention du débiteur de se libérer de cette façon, doit d'abord, quand ce débiteur n'est pas l'emprunteur mais un héritier ou un acquéreur chargé de continuer le prêt, s'assurer que la somme retenue en prêt différé appartient réellement à ce dernier et non à l'emprunteur, ce qui doit résulter des stipulations contenues à ce sujet dans l'acte de vente ou de partage. Quand il n'y a aucun doute à cet égard ou quand la demande de remboursement émane de l'emprunteur lui-même, le rédacteur fait établir un décompte préparatoire du remboursement total, en faisant figurer au crédit le montant du prêt différé. En même temps qu'une copie de ce décompte, il remet ou adresse à l'intéressé la formule d'une décharge sous seing privé énonçant que par suite de la volonté de celui-ci d'employer la somme retenue en prêt différé au remboursement définitif de la dette, cette retenue est devenue sans objet et qu'il reconnaît que le Crédit Foncier sera valablement déchargé par cet emploi de ladite somme (signature certifiée par le notaire ou légalisée).

Dès que la somme à verser pour solde a été encaissée et que la décharge est entre les mains du rédacteur, celui-ci fait faire l'application au remboursement définitif tant du solde versé que du montant de la somme retenue en prêt différé et devenue ainsi disponible.

31. — Toutefois, si la retenue en prêt différé avait été faite sur un prêt suivi d'un ou de plusieurs autres prêts sur le même gage, le montant de cette retenue ne devrait être employé au remboursement du premier prêt, qu'autant qu'il aurait été justifié de la disparition des causes qui l'avaient motivée. Ces causes subsistant, comme elles continueraient de faire obstacle pour le Crédit Foncier soit à une situation statutaire du gage, soit au premier rang hypothécaire pour ses inscriptions subséquentes, le remboursement devrait avoir lieu en entier des deniers personnels du débiteur, conformément à l'obligation qui en aura été d'ailleurs imposée par le ou les contrats des prêts restant dus, la somme retenue devra rester en dépôt dans la Caisse du C. F. à la garantie de l'extinction des causes de la retenue jusqu'au remboursement de la totalité de la dette.

<small>Emploi d'une somme retenue en prêt différé au remboursement d'un prêt quand il subsiste un ou plusieurs autres prêts subséquents sur le même gage.</small>

32. — Toute somme déposée à la Caisse du Crédit Foncier ou dans une Trésorerie Générale ou une recette particulière ou adressée par la poste avec affectation spéciale à un remboursement de prêt et dont il a été délivré une quittance provisoire ou même simplement un accusé de réception mentionnant cette affectation, ne peut plus faire l'objet d'une restitution à la partie payante et doit être considérée comme définitivement acquise en déduction de la créance (C. C. art. 1255). La restitution aurait en effet pour résultat de faire revivre la dette ou la partie de la dette éteinte par le paiement et pourrait de cette façon porter préjudice à des tiers qui, sur la foi de la quittance constatant la libération totale ou partielle du débiteur, auraient pris position postérieurement comme créanciers hypothécaires ou même simplement chirographaires et pourrait motiver de leur part une action en dommages et intérêts.

<small>On ne restitue pas une somme versée à titre de remboursement d'un prêt.</small>

33. — Quand, par suite d'une erreur dans l'établissement d'un décompte ou parce que le débiteur a fait verser une somme approximative sans décompte préalable, la Société se trouve comptable d'une certaine somme versée en trop, la restitution de cette somme doit être faite à la personne même qui a effectué le versement. La remise en sera faite soit directement à la Caisse du Crédit Foncier ou par mandat-poste, soit par l'intermédiaire du Trésorier Général ou du Receveur

<small>Restitution de somme versée en trop.</small>

particulier à la Caisse duquel le versement a eu lieu et contre quittance sous seing privé de la partie prenante. Avis de la restitution doit être donné à l'intéressé quand la somme restituée a été remise à toute autre personne que lui-même. Si la somme à restituer excède 25 francs, la remise ou l'envoi n'en peut être fait qu'après vérification de la non existence d'opposition au nom de l'ayant droit.

<small>On doit surveiller la suite donnée aux projets de remboursements ou aux réclamations d'un versement auquel est subordonnée la solution d'une</small>

34. — Toutes les fois que sur la demande qui en a été faite en vue d'un remboursement total ou partiel d'un prêt, un décompte a été adressé à un débiteur ou à son notaire, sans que le rédacteur ait été avisé ensuite que le remboursement ait été effectué ou ajourné, ce dernier devra, huit jours après la date fixée pour le paiement s'assurer, au moyen d'un avis adressé à cette fin à la Comptabilité, qu'il n'a pas été fait de versement. Il pourrait arriver, en effet, qu'un avis adressé par ce service pour informer le Contentieux du paiement effectué ne fût pas parvenu au rédacteur, par suite d'oubli, de perte dans le parcours, de fausse direction ou d'erreur quelconque. On évitera ainsi la réclamation que ne manquerait pas de faire le client, étonné de ne pas recevoir sa quittance ou de ne pas voir son semestre diminué.

De même aussi, quand la solution d'une affaire est subordonnée au versement d'une somme réclamée au client, soit pour parfaire un remboursement exigé comme condition d'une décision du Conseil d'Administration, soit pour couvrir des frais exposés, le rédacteur, en même temps qu'il fait sa réclamation à ce sujet au titulaire du prêt ou à son notaire, en avise la Comptabilité par une fiche à talon invitant ce service à l'informer du paiement dès qu'il sera effectué. A défaut d'information dans la huitaine, le rédacteur devra adresser une lettre de rappel à l'intéressé afin de se décharger de toute la responsabilité du retard résultant du défaut de paiement de la somme réclamée.

Dans la correspondance on doit énoncer non pas seulement en chiffres, mais en toutes lettres, les sommes dont le versement fait l'objet d'une réclamation au client ou dont le chiffre est indiqué à celui-ci sur sa demande.

35. — Quand le remboursement total d'un prêt est effectué et l'application faite, s'il n'est pas demandé mainlevée de l'inscription du Crédit Foncier, et s'il n'y a pas de subrogation au profit d'un tiers dans le bénéfice de cette inscription, le rédacteur remet contre une décharge signée et timbrée à 0 fr. 10 (Annexe 46), soit au débiteur s'il a fait lui-même le remboursement, soit au créancier subrogé dans le bénéfice de l'inscription entière, soit au notaire par les soins duquel a eu lieu le remboursement, les titres de la créance, le bordereau d'inscription, les pièces hypothécaires et les polices d'assurance. Si l'envoi est fait par la poste, le paquet doit être recommandé.

Remise et décharge des titres.

S'il est demandé mainlevée de l'inscription, la remise des pièces aura lieu seulement après la décision du Conseil d'Administration lors de la signature de la mainlevée ou au moment de l'envoi de la procuration à l'effet de la consentir. Il y aurait lieu toutefois de conserver la grosse d'un contrat de prêt remboursé, si ce contrat, le premier de plusieurs prêts sur un même gage, contenait l'origine de propriété de cet immeuble, à laquelle on se serait référé dans les contrats subséquents.

On devrait de même ne remettre la grosse d'un prêt divisé qu'après le remboursement de toutes les fractions et sur une décharge collective de tous les intéressés.

36. — Le remboursement total ou partiel d'un prêt peut donner lieu à la rédaction d'une quittance authentique suivie ou non d'une mainlevée totale ou partielle suivant les cas, de l'inscription conservatrice de ce prêt ; il peut être requis soit une simple mainlevée partielle de cette inscription à concurrence de la somme payée ou une restriction de ses effets au capital restant dû soit, enfin, une mainlevée totale de l'inscription.

Quittances et mainlevées consécutives aux remboursements de prêts.

Nous allons examiner ces diverses espèces :

Il y a lieu de distinguer d'abord si l'acte de quittance ou mainlevée doit être dressé par un notaire de Paris ou par un notaire ayant sa résidence hors Paris et ne pouvant en conséquence y faire signer d'actes.

Quand l'acte à régulariser doit être reçu par un notaire de Paris, le rédacteur, s'il est informé en temps utile de l'intention de son client à cet égard, et surtout si la quittance doit être signée le jour même du paiement comme dans le cas de subrogation au profit d'un tiers bailleur de fonds, conformément à l'article 1250 §. 2 du C. C., invitera le notaire à lui communiquer le projet de cet acte afin de pouvoir l'examiner à loisir, ce qu'il n'est guère possible de faire convenablement au moment même du paiement, et y apporter les rectifications jugées utiles.

Cet examen doit se faire en comparant les énonciations de l'acte en projet avec les contrats d'emprunt, le bordereau d'inscription et le décompte de remboursement qui devra toujours être établi préalablement à la signature de la quittance et il portera principalement sur les points suivants :

Premièrement. — Contrôler les noms et qualités des parties comparantes à l'acte. Ces parties sont :

1° Celles au profit desquelles doit être consentie la quittance et qui devront rentrer dans la catégorie de personnes de qui peut être accepté le remboursement et dont l'énumération a été donnée ci-dessus ; 2° le Gouverneur du Crédit Foncier dont les noms et qualités seront, suivant les usages de l'étude chargée de la rédaction de la quittance, énoncés dès le commencement de l'acte ou après l'exposé, par voie d'intervention.

Deuxièmement. — Vérifier si, dans l'exposé des faits qui compose la première partie de l'acte, les énonciations relatives au prêt à rembourser sont faites avec exactitude. Autant que possible on doit exiger que cet exposé soit fait par les parties payantes sans le concours du Gouverneur du Crédit Foncier ; attendu que, presque toujours, la plupart des faits qui y sont relatés sont absolument étrangers à la Société. Toutefois, si l'acte était déjà rédigé sur timbre ou signé de quelqu'une des parties, comme la modification présenterait quelque difficulté, on devrait se contenter, pour dégager le Gouverneur de la responsabilité des énonciations ne concernant pas la Société, de faire ajouter à la suite des mots habituels : « Lesquels ont exposé ce qui suit », ceux-ci : « chacun en ce qui le concerne ».

Troisièmement. — S'assurer que l'énoncé de la créance du Crédit Foncier, que la plupart des notaires ont la bonne habitude de faire dans l'exposé en reproduisant le décompte de remboursement établi par le service de la Comptabilité sur la demande du rédacteur à l'occasion du paiement projeté, est bien conforme à ce décompte. Cette énonciation ainsi faite dans l'exposé, a l'avantage de simplifier la rédaction de la quittance et il sera bon d'inciter autant que possible les notaires à l'adoption de cette pratique. Il est des cas pourtant où l'on est obligé d'y renoncer dans le but d'éviter au client des droits d'enregistrement ; c'est quand le remboursement du prêt est fait par un acquéreur chargé d'acquitter seulement le solde d'un prêt dont la majeure partie était déjà remboursée ou amortie au moment de son acquisition. Alors, en effet, le notaire, soucieux de soustraire son client à la perception du droit de libération sur le montant total de la créance originaire, n'énoncera pas que la somme payée forme le solde de cette créance, mais seulement qu'elle en fait partie. Or, la simple indication dans le décompte de la somme formant *le capital restant dû*, irait à l'encontre de ce désir : la constatation du paiement de ce solde restant dû impliquerait pour la régie la libération du surplus et justifierait la perception du droit d'enregistrement sur le chiffre originaire de la dette.

A ce point de l'acte, quand tous les faits relatifs à la créance sont établis, a lieu l'intervention du Gouverneur du Crédit Foncier, s'il ne comparaît dès le commencement, et il intervient, soit purement et simplement en sa dite qualité, soit en vertu d'une autorisation préalable du Conseil d'Administration selon que la mainlevée qui suivra la quittance aura ou non une portée plus étendue que ne le comporte cette quittance, le Gouverneur n'étant autorisé par les Statuts à consentir de mainlevée que comme conséquence du paiement constaté par acte authentique. Par conséquent si la quittance n'est que partielle, bien que la somme remboursée forme le solde de la créance, l'autorisation du Conseil sera nécessaire et devra être énoncée à la suite des noms et qualités du Gouverneur pour que celui-ci puisse consentir une mainlevée définitive. C'est un point sur lequel il y a lieu d'apporter une grande attention pour éviter des mécomptes lors de la radiation. Si le rédacteur a été renseigné en temps utile à cet égard par le notaire, ou par la communication du projet de quittance, il a dû provoquer cette décision du Conseil d'Administration par la présentation à cet effet d'un rapport établi d'après la formule (Annexe n° 33) de mainlevée définitive ou la formule (Annexe n° 34) de restriction au capital restant dû.

On devra adopter pour la quittance la rédaction la plus simple, mais en ne perdant pas de vue que le Caissier de la Société doit y intervenir et que sa signature est subordonnée à l'indication exacte de la somme principale qui fait l'objet de cet acte et de la date du paiement et que l'encaissement est fait par lui et non par le Gouverneur. Après les rectifications jugées utiles, le notaire fait signer la quittance par ses clients et la rapporte au rédacteur qui la remet au Chef de Bureau avec une fiche indiquant sa transmission à la signature du Caissier principal. Après cette signature le Chef du Bureau la remet à la signature du Gouverneur.

Nous allons donner quelques formules s'adaptant aux divers cas se présentant le plus ordinairement et qui faciliteront aux rédacteurs les rectifications qu'ils auront souvent à apporter au libellé de ces quittances.

37. — Quittance a l'emprunteur lui-même ou a ses héritiers d'une somme formant le solde de la créance, suivie de mainlevée définitive.

(Il est assez rarement dressé de quittance dans ce cas où l'on se contente généralement d'une simple mainlevée.)

L'exposé étant fait par les parties payantes :

« Aux présentes est intervenu ;
« M....
   « Sous-Gouverneur du Crédit Foncier de France....
   « Agissant par délégation de M. .... Gouverneur
      « de ladite Société.

« Lequel a, par ces présentes, reconnu que le Crédit Foncier
« a reçu en espèces de numéraire du cours actuel et billets de
« la Banque de France comptés et délivrés à la vue (ou : hors
« la vue) des notaires soussignés aujourd'hui même (ou : le

« .....) aux mains de M. ...... Caissier principal de ladite
« Société, demeurant à ..... à ce présent et intervenant qui le
« reconnaît.

« La somme de ..... (montant du décompte) formant d'après
« le décompte établi en l'exposé qui précède le remboursement
« définitif en principal, intérêts et accessoires de la créance
« résultant du prêt consenti par le Crédit Foncier à M. .....
« et également énoncé audit exposé.

(Si le décompte n'est pas établi en l'exposé, on libelle comme suit :)

« La somme de ..... pour le remboursement total du prêt
« de ..... énoncé audit exposé, consenti par le Crédit Foncier
« à M. ..... et dont le décompte s'établit comme il suit :
(Copier le décompte).

« De laquelle somme de .... M. .... audit nom consent à
« M. ... quittance définitive et sans réserve, étant expliqué
« que le surplus de ladite créance s'est éteint par voie d'amor-
« tissement. »

« (Mainlevée définitive pure et simple.) »

Si le prêt s'est éteint en entier par amortissement, sans aucun remboursement anticipé on peut adopter la formule suivante :

« Lequel a par ces présentes reconnu que le Crédit Foncier
« a reçu dès avant ce jour et par versements successifs dont
« le dernier pour solde, en date du ..... en bonnes espèces de
« monnaie ayant cours ou billets de la Banque de France déli-
« vrés hors la vue des notaires soussignés, aux mains du cais-
« sier principal de ladite Société, ainsi que le reconnait M.
« ..... caissier principal actuellement en exercice, demeurant
« à ..... à ce présent et intervenant.

« De M. .....

« La somme de ..... montant en principal du prêt consenti
« par le Crédit Foncier à M. ..... aux termes des actes énon-
« cés en l'exposé qui précède.

« De laquelle somme de ..... M. ..... consent à M. .....
« bonne et valable quittance qui annule toutes quittances ou
« reçus antérieurs des paiements applicables à la même
« créance.

« (Mainlevée) ».

Dans toutes quittances constatant un remboursement de prêt

effectué totalement ou en partie par amortissement, on doit éviter d'exprimer que cet amortissement résulte du paiement des annuités stipulées au contrat d'emprunt. La régie dans ce cas aurait le droit d'exiger ou de rechercher l'indication du chiffre de l'annuité et de percevoir le droit de libération sur le montant cumulé des annuités du paiement desquelles résulte l'amortissement.

38. — Quittance a l'acquéreur d'un immeuble hypothéqué dont le prix a été délégué au Crédit Foncier.

L'exposé est fait par la partie payante et la quittance porte seulement sur la somme déléguée pour éviter le droit de libération sur le montant originaire de la dette. Observation est faite : 1° que si l'on rapporte soit dans l'exposé, soit dans la quittance même le décompte de la créance, on doit indiquer le capital à quittancer comme « faisant partie » et non « formant le solde » du prêt ; 2° que la mainlevée de l'inscription du Crédit Foncier ne peut être consentie qu'avec une autorisation préalable du Conseil d'Administration ; 3° que la mainlevée de l'inscription d'office qui profite au Crédit Foncier par suite de la délégation ne peut être donnée par la Société qu'à concurrence de la somme encaissée et quittancée, à moins que l'autorisation de donner mainlevée définitive ne soit expressément stipulée dans l'acte contenant la délégation ; particularité qui doit alors être mentionnée dans l'exposé ou dont il doit être justifié par la représentation de l'acte contenant cette autorisation.

La quittance est rédigée comme il suit :

« Aux présentes est intervenu :

« M. ....., Sous-Gouverneur du Crédit Foncier, « agissant par délégation de M. ....., Gouverneur de « ladite Société..........

« Et en outre, en vertu de l'autorisation qui lui en a « été donnée par le Conseil d'Administration de ladite

« Société en date du .... et dont un extrait est
« demeuré ci-annexé et sera enregistré en même temps
« que les présentes.

« Lequel a, par ces présentes, reconnu que le Crédit Fon-
« cier de France, tant au moyen de versements à titre de
« remboursements anticipés effectués antérieurement, notam-
« ment à la date du ...., que par voie d'amortissement
« et au moyen du versement de la somme de ....
« effectué à la vue (ou hors la vue) des notaires soussignés
« le .... en bonnes monnaies ayant cours et billets de la
« Banque de France, le tout compté et délivré aux mains du
« Caissier du Crédit Foncier, ainsi que le reconnaît M. ....,
« Caissier principal actuel de ladite Société, demeurant à ...,
« à ce présent et intervenant.

« A reçu de M ....., payant en l'acquit de M. ....., comme
« acquéreur de l'immeuble hypothéqué par ce dernier à la
« garantie du prêt énoncé en l'exposé qui précède ; ledit M....
« se libérant ainsi du prix de cet immeuble, conformément à la
« délégation qui en a été faite au Crédit Foncier par le contrat
« d'acquisition relaté audit exposé.

« La somme de ..... pour valoir au remboursement à due
« concurrence de la créance du Crédit Foncier résultant dudit
« prêt.

« De laquelle somme de ...... M. ..... (le Sous-Gouver-
« neur) consent tant à M. ..... (l'acquéreur) qu'à M. .....
« (le vendeur) bonne et valable quittance.

« Mainlevée ».

(Il y a lieu de distinguer si, par le contrat de vente ou
par la quittance de la partie du prix non déléguée, le
vendeur a donné ou non au Crédit Foncier le pouvoir de
faire mainlevée définitive de l'inscription d'office en touchant la somme déléguée et formant le solde redû sur le
prix. Nous supposons d'abord l'affirmative.)

« En conséquence du paiement qui vient d'être constaté et
« en vertu de l'autorisation ci-dessus relatée du Conseil d'Ad-
« ministration du Crédit Foncier de France, M. ..... (le Sous
« Gouverneur) audit nom en désistant le Crédit Foncier de
« tous droits de privilège, hypothèque, action résolutoire, et
« action en folle enchère » (si la vente a eu lieu judiciairement),

« fait mainlevée pure et simple et consent la radiation entière
« et définitive : 1° de l'inscription prise au Bureau des Hypo-
« thèques de ......, le ......, Volume ......, N° ......, au
« profit du Crédit Foncier de France contre M. ...., pour
« sûreté de la somme de ...., montant du prêt ci-dessus
« énoncé en principal et accessoires évalués ; 2° de l'inscription
« d'office prise au même Bureau, le ......, Volume ......,
« N° ....., au profit de M. ..... (vendeur) contre M. ....
« (l'acquéreur) lors de la transcription du contrat de vente sus-
« énoncé, laquelle inscription ne restait plus conserver que la
« somme de ....., dont le paiement est ci-dessus constaté.

« Consentant la décharge de M. le Conservateur audit Bureau
« des Hypothèques qui opérera la radiation définitive desdites
« inscriptions. »

Si au contraire le contrat de vente et la quittance du surplus du prix non délégué ne contiennent pas le pouvoir au Crédit Foncier de donner mainlevée définitive de l'inscription d'office en touchant la somme déléguée, il devra être fait mainlevée de cette inscription en tant qu'elle profite au Crédit Foncier.

Il est d'usage de faire faire, à la suite de cette mainlevée partielle, une déclaration par la partie payante expliquant que, par suite du paiement qui vient d'être constaté de la somme déléguée au Crédit Foncier et du paiement déjà effectué entre les mains des vendeurs ou d'autres créanciers délégataires, paiements constatés soit par l'acte de vente soit par des actes de quittance à énoncer, l'inscription d'office se trouve devenue sans objet et qu'en conséquence la radiation définitive en est requise par l'intéressé.

Une autre hypothèse pourrait se présenter :

S'il y a eu deux acquéreurs successifs de l'immeuble hypothéqué, comme il importe, pour pouvoir obtenir la radiation de l'inscription d'office prise contre le premier acquéreur, de constater le paiement d'une somme au moins égale à celle retenue par ce dernier sur son prix et qu'il y a lieu, d'autre part, de rester, dans les énonciations de la quittance, en concordance avec les écritures comptables du Crédit Foncier; on devra, dans cet acte, distinguer les sommes payées ou amorties du chef de chacun des acquéreurs et exprimer que « le Crédit Foncier a reçu tant antérieurement qu'aujourd'hui « même, en espèces et valeurs délivrées aux mains des Cais-

« siers de la Société ainsi que le reconnaît M... Caissier prin-
« cipal actuellement en exercice, demeurant à ..... à ce pré-
« sent, savoir :

« 1° De M... (1ᵉʳ acquéreur) ayant payé en l'acquit de M...
« (l'emprunteur), comme acquéreur de l'immeuble susdésigné,
« hypothéqué par ce dernier à la garantie du prêt de ... à lui
« consenti par le Crédit Foncier et énoncé en l'exposé qui pré-
« cède, tant pour se libérer du prix de cet immeuble en exécu-
« tion de la délégation contenue en son contrat d'acquisition,
« que pour valoir au remboursement à due concurrence de la
« créance du Crédit Foncier résultant dudit prêt.

« La somme principale de ..... composée de celle de .....
« versée à titre de remboursement anticipé le ..... et de celle
« de ..... dont M..... s'est trouvé libéré par l'amortissement
« opéré à son profit du ..... au .....

« 2° De M..... (2ᵉ acquéreur) ayant payé en l'acquit de
« M.... son vendeur et de M.... précèdent propriétaire dudit
« immeuble, comme acquéreur de cet immeuble pour se
« libérer d'autant du prix de son acquisition et libérer MM...
« à due concurrence du prêt fait par le Crédit Foncier sur le
« même immmeuble ;

« La somme principale de ..... composée de celle de .....
« versée à titre de remboursement anticipé de ladite créance
« le ..... (ou : aujourd'hui même) hors la vue, (ou : à la vue)
« des notaires soussignés, et de celle de .... montant de
« l'amortissement acquis à M.... sur ledit prêt du ..... au ...

« Soit ensemble la somme de .... formant le montant de
« celle retenue par M... (1ᵉʳ acquéreur) sur son prix et com-
« prenant la totalité de celle retenue par M..... (2ᵉ acquéreur)
« sur le sien .....

« De laquelle somme M.... (le Gouverneur) consent bonne
« et valable quittance à MM..... (acquéreurs et emprunteur).

« Dont quittance »

« annulant toutes autres quittances ou reçus délivrés antérieu-
« rement au présent acte. »

Mainlevée comme ci-dessus de l'inscription du Crédit Foncier
et des deux inscriptions d'office.

39. — Quittance au profit d'un acquéreur payant en vue de la subrogation.

1° Exposé des faits énonçant le prêt, la vente, les formalités hypothécaires, le décompte du prêt;
2° Intervention du Gouverneur de la Société sans autorisation du Conseil.

« Lequel a, par ces présentes, reconnu que le Crédit Foncier
« a reçu à la date du ..... (ou aujourd'hui même) en espèces
« ayant cours et billets de la Banque de France comptés et déli-
« vrés à la vue (ou hors la vue) des notaires soussignés, aux
« mains de M... Caissier de ladite Société à ce présent et inter-
« venant qui le reconnaît.

« De M...; ci-dessus nommé qualifié et domicilié payant en
« sa qualité d'acquéreur de l'immeuble sis à ..... hypothéqué
« à la garantie du prêt de ...... consenti par le Crédit Foncier
« à M..... son vendeur, ainsi qu'il est expliqué en l'exposé
« qui précède et dans le but d'être subrogé dans les droits,
« actions, hypothèque et inscription de ladite Société contre
« M..... conformément à l'article 1251 § 2 du Code Civil, pour
« les faire valoir à ses risques et périls et sans aucun recours
« contre le Crédit Foncier.

« La somme de ...... pour le remboursement total et à
« titre définitif de la créance du Crédit Foncier résultant du
« prêt ci-dessus énoncé conformément au décompte établi en
« l'exposé qui précède ou dont le décompte s'établit comme il
« suit (décompte).

« De laquelle somme de .... M...... audit nom consent
« tant à M..... (l'acquéreur) qu'à M...... (le vendeur) bonne
« et valable quittance, sans aucune réserve. (S'il doit être
« donné mainlevée partielle, ajouter) : « étant expliqué que le
« surplus de la créance se trouve éteint par voie d'amortisse-
« ment ou par suite des versements partiels anticipés effectués
« par M...... (le vendeur) à la date du ..... »

« La subrogation qui a lieu de plein droit au profit de M...
« par suite du paiement ci-dessus constaté sera mentionnée en
« marge de l'inscription du Crédit Foncier ci-dessus relatée.

« *Mainlevée partielle.* — Et par ces mêmes présentes M...
« (le Sous-Gouverneur du Crédit Foncier) audit nom, sur la
« réquisition expresse de M..... (le payant) afin de permettre
« à celui-ci de faire mainlevée définitive de l'inscription dans
« laquelle il est subrogé partiellement en vertu des présentes,
« désistant le Crédit Foncier de tous droits d'hypothèque, privi-
« lège et action résolutoire ou en folle enchère, déclare faire
« mainlevée et consentir la radiation de l'inscription prise au
« profit du Crédit Foncier contre M..... au Bureau des Hypo-
« thèques de ..... le ..... volume..... n°.....
(Si le contrat de vente contient délégation au profit du
Crédit Foncier, ajouter) : « ainsi que de l'inscription d'office
« prise lors de la transcription du contrat de vente précité, au
« même bureau, le..... volume..... n°..... mais en tant
« seulement que ces inscriptions et les droits et actions y atta-
« chés excèdent les causes de la subrogation résultant au profit
« de M..... du paiement ci-dessus constaté. Donnant décharge
« au Conservateur des Hypothèques audit Bureau qui opèrera
« dans ce sens la radiation desdites inscriptions ».

On devra faire cette mainlevée partielle dans tous les cas de subrogation dans une créance du Crédit Foncier, afin d'éviter par la suite l'inconvénient d'être obligé de reprendre l'affaire pour obtenir une décision du Conseil d'Administration à l'effet de dresser l'acte de mainlevées nécessaire pour faire disparaître ces inscriptions dont le créancier subrogé ne peut donner mainlevée que partiellement.

Remise de titres. — (Les énumérer et en faire donner décharge au Crédit Foncier.)

40. — QUITTANCE AU PROFIT
DU DÉBITEUR PAYANT AU MOYEN DE DENIERS EMPRUNTÉS,
AVEC DÉCLARATION D'ORIGINE DES DENIERS.

(Exposé par le débiteur payant de l'emprunt au Crédit Foncier et de l'emprunt dont les fonds sont destinés au remboursement.)

Intervention du Gouverneur du Crédit Foncier.

« Aux présentes est intervenu :

« M..... (Sous-Gouverneur du Crédit Foncier de France,
« etc.. etc.

« Agissant par délégation de M....., etc...... (pas d'auto-
« risation du Conseil d'Administration).

« Lequel a par ces présentes reconnu que le Crédit Foncier
« a reçu en bonnes espèces du cours actuel et billets de la
« Banque de France comptés et délivrés à l'instant même à la
« vue des notaires soussignés, aux mains de M....., caissier
« de ladite Société demeurant à..... à ce présent et interve-
« nant, qui le reconnaît.

« De M..... (le débiteur du prêt) ci-dessus nommé, qualifié
« et domicilié.

« La somme de..... pour le remboursement total du prêt
« de..... qui lui a été consenti par le Crédit Foncier ainsi qu'il
« est énoncé en l'exposé qui précède et conformément au
« décompte établi audit exposé (ou : dont le décompte s'établit
« comme il suit : (copier le décompte).

« De laquelle somme de..... ainsi payée, M..... (le Sous-
« Gouverneur) audit nom consent à M..... bonne et valable
« quittance, sans réserve ».

(Si la quittance doit contenir la mainlevée de l'inscription en
ce qu'elle excède les causes de la subrogation ajouter comme
en la formule précédente) :

« Étant expliqué que le surplus de la créance du Crédit Fon-
« cier s'est éteint par voie d'amortissement ou par des verse-
« ments anticipés effectués par l'emprunteur à la date du.....

Déclaration d'origine de deniers.

« M..... (le payant) déclare que le paiement qu'il vient de
« faire au Crédit Foncier, de la somme de..... a été effectué
« avec les deniers et valeurs lui provenant de l'emprunt de
« pareille somme fait par lui de M..... aux termes de l'acte
« énoncé en l'exposé qui précède (ou : à concurrence de.....
« avec les deniers et valeurs, etc., et pour le surplus de ses
« deniers personnels).

« Cette déclaration est ainsi faite par M..... en exécution

« de l'engagement qu'il en a pris dans ledit contrat d'emprunt,
« afin d'obtenir à M..... (le prêteur) la subrogation dans les
« droits et actions du Crédit Foncier contre ledit M...... con-
« formément à l'article 1250 § II du Code Civil.

« Cette subrogation qui s'opérera par la seule force de la
« loi, sans le consentement du Crédit Foncier et sans aucune
« garantie de sa part, sera mentionnée en marge de l'inscription
« prise au profit de cette Société ».

(Décharge de titres. Mainlevée partielle de l'inscription du Crédit Foncier en ce qu'elle excède les causes de la subrogation, comme en la formule précédente.)

41. — Quittance d'une fraction totalement remboursée ou amortie d'un prêt divisé.

Si les immeubles formant le gage de chacune des fractions du prêt divisé sont situés dans le ressort du même Bureau d'Hypothèque, une seule inscription existant pour le tout, il y a lieu de veiller à ce qu'il n'en soit donné qu'une mainlevée partielle et en ce qu'elle grève l'immeuble formant le gage particulier de la fraction remboursée et non pas une mainlevée totale qui laisserait le gage sans hypothèque pour la ou les fractions restant dues. Si nous insistons sur ce sujet, bien que la situation elle-même indique clairement la marche à suivre, c'est que cette erreur a été commise; qu'assez fréquemment des quittances contenant ainsi une mainlevée totale au lieu d'une mainlevée partielle ont dû être rectifiées avant la signature. Il est vrai que le Conservateur serait responsable des conséquences d'une radiation qu'il aurait opérée en vertu d'une mainlevée totale donnée sans autorisation du Conseil d'Administration à la suite de la constatation d'un paiement qui ne représente le remboursement que d'une fraction de la créance; mais il est préférable de ne pas exposer la Société à la nécessité d'invoquer cette responsabilité.

Voici la formule que l'on pourrait adopter ; l'exposé contenant la relation du prêt, de la vente ou du partage qui ont amené la division du gage, de la décision du Conseil d'Administration qui a autorisé la division du prêt et de l'hypothèque, de la radiation partielle de l'inscription dans le même sens, le Gouverneur du Crédit Foncier, soit qu'il comparaisse en tête de l'acte, soit qu'il intervienne seulement après l'exposé consent la quittance en ces termes :

« Lequel a, par ces présentes, reconnu que le Crédit Foncier
« a reçu en espèces du cours actuel et billets de la Banque de
« France comptés et délivrés à la vue (ou hors la vue) des
« notaires soussignés aujourd'hui même (ou dès le...) aux
« mains de M....., Caissier du Crédit Foncier... à ce pré-
« sent et intervenant qui le reconnaît.

« De M..... ci-dessus nommé qualifié et domicilié.

« La somme de..... pour le remboursement total et défi-
« nitif de la fraction de..... laissée sur l'immeuble sis à.....
« attribué à (ou acquis par) M..... dans le prêt de..... fait
« par le Crédit Foncier à M..... ainsi qu'il est énoncé en
« l'exposé qui précède et conformément au décompte qui y est
« établi (ou : duquel remboursement le décompte s'établit
« comme il suit : décompte).

« De laquelle somme de..... formant le solde de ladite
« fraction de prêt M..... (le Gouverneur) audit nom consent
« à M..... bonne et valable quittance, mais sous toutes réser-
« ves relativement aux fractions encore dues du prêt dont il
« s'agit.

« Observation étant faite que M..... (le payant) s'est libéré
« du surplus de ladite fraction à sa charge tant par voie d'amor-
« tissement que par remboursements partiels anticipés effec-
« tués à la date du (ou : des.....).

Mainlevée : « Par suite du paiement qui vient d'être cons-
« taté, M....., en désistant le Crédit Foncier de tous droits
« d'hypothèque, privilège et action résolutoire (si le payant est
« un acquéreur) ou action en folle enchère (si la vente a eu
« lieu judiciairement), dans la limite de la mainlevée qui va
« suivre, fait mainlevée et consent la radiation de l'inscrip-
« tion prise au Bureau des Hypothèques de..... le volume...
« n.... au profit du Crédit Foncier de France contre M....,

« ainsi que de toute mention d'antériorité pouvant profiter au
« Crédit Foncier à raison du prêt ci-dessus relaté, mais en tant
« seulement que ladite inscription et les droits y attachés grè-
« vent l'immeuble sis à..... et conservent la somme de.....
« fraction de la créance à laquelle avait été limité leur effet sur
« ledit immeuble ; réserve expresse étant faite desdits droits
« et inscriptions sur tous autres biens qui en sont grevés et
« pour toutes autres causes qu'ils peuvent conserver. »

(Si la division du prêt a eu lieu à la suite d'une vente dont le prix avait été délégué au Crédit Foncier, il y a lieu de faire mainlevée de l'inscription d'office, soit totale, soit partielle, comme il est expliqué en la formule § 38 ci-dessus.)

42. — Quand il n'y a pas nécessité d'établir une quittance authentique, c'est-à-dire dans les cas autres que ceux où le paiement est fait par un tiers en vue de la subrogation ou par un acquéreur du gage pour se libérer de son prix d'acquisition, il n'est généralement requis qu'une simple mainlevée de l'inscription conservatrice du prêt. Cette mainlevée, de même que la quittance, est remise par le notaire, s'il est en résidence à Paris, au rédacteur chargé de l'affaire qui l'examine avant de la soumettre à la signature du Gouverneur du Crédit Foncier. Dans ces actes, celui-ci ne peut agir qu'en vertu d'une autorisation préalable du Conseil d'Administration, autorisation qui n'est obtenue que sur la justification du remboursement et sur un rapport spécial présenté à cet effet au Conseil. (Voir annexes nᵒˢ 35 à 38.)

<small>Mainlevées sans quittance</small>

43. — Il est fait exception toutefois à la règle ci-dessus indiquée de ne présenter à l'autorisation du Conseil les demandes de mainlevée qu'après le remboursement qui en est la condition : quand ce paiement doit être effectué avec des fonds provenant d'expropriation pour cause d'utilité publique au profit de l'État ou d'une municipalité qui ne peuvent se dessaisir des fonds que contre la mainlevée des inscriptions grevant l'immeuble

exproprié. Le rapport peut être présenté au Conseil avant paiement; on explique cette particularité dans le rapport en demande d'autorisation de la mainlevée. Si le paiement doit avoir lieu à Paris ou dans une étude voisine de la banlieue, avec le concours d'un notaire de Paris, le rédacteur fera signer la mainlevée par le Gouverneur avant la date du rendez-vous pris avec les parties intéressées pour le paiement; il donnera avis de ce rendez-vous à la Caisse Principale qui désignera l'agent chargé de l'accompagner et d'encaisser les fonds. Le rédacteur porteur de la mainlevée signée ne s'en dessaisira qu'au moment du versement de la somme due. Si le paiement a lieu en province, la procuration à l'effet de donner mainlevée ne pourra être adressée qu'au Trésorier Général du Département, avec instruction de ne s'en dessaisir et de ne signer la mainlevée que contre versement des fonds, entre ses mains ou à la Caisse du Receveur particulier le plus à proximité des parties intéressées.

Restriction au capital restant dû

44. — Quand le débiteur, libéré déjà d'une partie de sa dette soit par suite d'amortissement soit en conséquence de remboursement partiel anticipé, désire voir restreindre l'effet de l'inscription qui grève son immeuble au capital restant dû et qu'il a formulé une demande en ce sens, le rédacteur, afin de pouvoir faire droit à cette demande, se fait délivrer par le Service de la Comptabilité la situation du prêt dont il s'agit et procède ensuite comme il est dit ci-après :

45. — Pour faire autoriser une mainlevée, soit totale soit partielle par le Conseil d'Administration, le rédacteur établit : 1° un rapport exposant la demande et ses motifs en joignant les pièces à l'appui (décompte de remboursement, situation du capital et les conclusions du service (Annexes nos 33 et 34) ou un rapport spécial pour les affaires ne rentrant pas dans le cadre de ces formules ; 2° le libellé de l'ordre du jour de la séance du Conseil relatif à l'affaire en question (Annexe n° 35); 3° la formule de la décision à inscrire par le Secrétariat du Conseil sur le registre des délibérations après adoption des conclusions présentées et sauf rectification à y apporter si ces

conclusions sont modifiées par le Conseil. (Annexes n°⁸ 38 et 39.)

Après la séance quand le rapport présenté au Conseil lui est rentré, le rédacteur examine si les conclusions adoptées par le Conseil d'Administration sont ou non identiques à celles présentées et prévues dans la formule de décision préparée d'avance ; il fait à celle-ci, les rectifications nécessaires, la remet à son Sous-Chef de Bureau avec la lettre avisant le client de la décision prise et la demande au Service Secrétariat du Conseil (Annexes n°ˢ 37 et 15) d'un extrait de la décision.

Quand cet extrait lui est parvenu, le rédacteur est en mesure d'exécuter la décision du Conseil d'Administration, à moins que cette décision ne soit subordonnée à une condition de paiement ou de constitution d'hypothèque, il y aurait alors lieu de surseoir à la signature de l'acte jusqu'à l'accomplissement de cette condition.

Quand le notaire du débiteur est en résidence à Paris, il est procédé pour la signature de l'acte de mainlevée comme pour la signature de l'acte de quittance. Mais comme cet acte ne sera le plus souvent que la reproduction de la décision du Conseil d'Administration, on pourra ne pas demander la représentation d'un projet. Si la mainlevée ne doit être donnée qu'en présence et du consentement d'un tiers, la signature de ce tiers devra être exigée sur la minute avant de la présenter à la signature du Gouverneur.

Procurations pour quittance ou mainlevées.

46. — Dans tous les cas où l'acte de quittance ou de mainlevée doit être reçu par un notaire autre qu'un notaire en résidence à Paris, on doit faire établir par le notaire de la Société une procuration constituant un mandataire chargé de représenter le Gouverneur du Crédit Foncier à cet acte.

Le rédacteur chargé du dossier doit fournir les renseignements utiles pour dresser la procuration et en surveiller la rédaction, qui a lieu dans les bureaux même du Crédit Foncier, par un employé ou Sous-Chef de Bureau chargé de ce soin par le notaire de la Société.

Quand la procuration est établie en vue d'un paiement à recevoir, le nom du mandataire ne doit pas être laissé en blanc si la somme à verser est de 30.000 francs ou plus. Le rédacteur devra donc demander ce nom au Trésorier Général, ou, en cas d'urgence au Receveur Particulier, afin de pouvoir l'énoncer en l'acte.

47. — Quand la somme à quittancer au moyen de la procuration a été encaissée avant sa rédaction, l'acte doit contenir le pouvoir, non pas de toucher et recevoir mais de reconnaître le payement effectué.

On a en effet renoncé depuis plusieurs années déjà à l'usage pratiqué autrefois de donner, même après le paiement effectué, des pouvoirs à l'effet de toucher et recevoir et quittancer la somme déjà encaissée ; système défectueux à raison du défaut de concordance qui se produisait ainsi la plupart du temps entre les énonciations des écritures de la Comptabilité de la Société qui constataient la date réelle de l'encaissement et celles de l'acte authentique par lequel le mandataire reconnaissait à une date postérieure avoir reçu la même somme au nom du Crédit Foncier, d'où il semblait résulter un double encaissement. L'inconvénient pouvait disparaitre en insérant dans la procuration le pouvoir de reconnaître tous paiements antérieurs de la somme à quittancer et en indiquant dans la quittance la date de ces paiements, mais comme le Crédit Foncier ne peut surveiller la rédaction de la quittance, on a jugé plus simple de rendre par le système actuel toute erreur de cette nature impossible.

La procuration rédigée de cette façon constituant une véritable reconnaissance du paiement par la Société, donne ouverture au droit d'enregistrement de libération à 0.625 0/0 décimes compris, au moment même de la formalité, droit que le rédacteur devra faire consigner à l'avance par le notaire ou le client ou ajouter au décompte de remboursement s'il est averti en temps utile qu'il sera ainsi procédé.

48. — Quand le paiement est ou doit être fait par un tiers (acquéreur, co-débiteur ou créancier subséquent) ayant droit à la subrogation légale, le rédacteur devra, avant de faire établir la procuration, se renseigner sur les noms, prénoms et

qualités de ce tiers, afin de pouvoir les énoncer en cet acte, qui doit contenir pouvoir de ne faire mainlevée qu'en sa présence et de son consentement. Le mandataire usera ou non de ce pouvoir, à la volonté du payant, suivant que celui ci tiendra ou non à conserver le bénéfice de la subrogation ou seulement pour ce qui excède les causes de cette subrogation.

49. — Quand le paiement est fait par le débiteur lui-même avec des deniers empruntés à cet effet d'un tiers à qui est promise la subrogation conformément à l'article 1250 § 11 du C. C. la procuration doit contenir : 1° le pouvoir de toucher et recevoir du débiteur lui-même sans indication du tiers bailleur de fonds, puisque le Crédit Foncier n'a pas à intervenir dans cette subrogation qui s'opère sans son consentement et par la seule déclaration d'origine des deniers à faire par le débiteur payant en l'acte de quittance ; 2° le pouvoir de donner mainlevée pure et simple de l'inscription du Crédit Foncier, sauf à ce que, sur la demande du débiteur payant ou du notaire chargé de surveiller les intérêts du bailleur de fonds, il ne soit usé de ce pouvoir que pour ce qui excède les causes de la subrogation acquise à ce dernier.

50. — Si la procuration a pour objet de recevoir ou constater le remboursement d'une fraction de prêt divisé, elle devra indiquer d'une manière précise l'importance de cette fraction en rappelant l'acte de division ; elle ne contiendra le pouvoir de faire mainlevée que sous toutes réserves, relativement aux autres fractions du prêt divisé, alors même que ces fractions auraient été précédemment remboursées. On évitera ainsi au débiteur payant la perception des droits de libération ou de mainlevée sur les sommes dont le paiement ne lui incombe pas. Au surplus, la mainlevée totale ne pourrait être autorisée valablement qu'en vertu d'une décision du Conseil d'Administration ou après constatation par quittance authentique du paiement de la totalité du prêt et encore serait-il nécessaire de s'assurer que le remboursement des autres fractions a eu lieu sans subrogation.

51. — Quand la procuration est établie à l'effet de consentir seulement la mainlevée de l'inscription du Crédit Foncier, ce qui a lieu généralement dans le cas où le remboursement est effectué par le débiteur lui-même ou par ses héritiers conjointement et des deniers communs de l'hérédité, ou par un d'entre eux ne réclamant pas le bénéfice de la subrogation, elle ne peut être faite qu'en vertu d'une autorisation du Conseil d'Administration. La rédaction en est des plus simples et il n'y a guère, en plus de la vérification matérielle des dates, volume et numéro des inscriptions et des noms des débiteurs, d'autres énonciations à contrôler que celles de la présence et des noms et qualités des parties payantes ayant droit à la subrogation légale et dont le concours et le consentement à la mainlevée doivent être exigés comme preuve de leur refus d'en profiter.

52. — Si l'acte de quittance ou de mainlevée à établir en vertu d'une procuration consentie par le Crédit Foncier doit être reçu par un notaire n'ayant pas le droit d'instrumenter dans la résidence du Trésorier Général ou du Receveur Particulier à qui le mandat est conféré, ce notaire est averti par le rédacteur qu'il aura à s'entendre avec le mandataire pour le transport de celui-ci en son étude aux frais de la partie payante.

53. — Les procurations ne doivent être expédiées que sur visa du Chef ou Sous-Chef de Bureau et sous pli recommandé, ou comme papiers d'affaires par paquet également recommandé (Annexes n°s 17 et 17 *bis*).

Cette mesure s'impose surtout quand il s'agit de procuration à l'effet de toucher et recevoir un remboursement.

Le notaire auquel est adressé la procuration doit être averti par la lettre d'envoi que la Société entend n'être en aucune façon responsable des frais occasionnés par l'usage qui sera fait de la procuration transmise ; frais dont le notaire devra se faire couvrir par le bénéficiaire de la mainlevée.

Un mois après l'envoi de la procuration, si aucun avis du remboursement en vue duquel elle a été établie n'est parvenu à l'Administration, le rédacteur adresse au Trésorier payeur ou au Receveur Particulier à qui elle a été envoyée, une lettre lui demandant quelle suite a été donnée à l'affaire, et l'invitant, si cette procuration n'a pas été utilisée, à la renvoyer au Crédit Foncier ainsi que les titres de créance s'ils y étaient joints.

54. — Chaque fois qu'il est signé, soit par le Gouverneur à Paris, soit par son mandataire en province, un acte de quittance duuuel résulte une subrogation soit totale soit partielle au profit d'un tiers dans le bénéfice d'une inscriptions profitant au Crédit Foncier, le rédacteur doit en faire mention à la seconde page du cahier des rapports de façon à éviter qu'il soit par la suite donné mainlevée de cette inscription sans la réserve des droits du tiers subrogé, erreur qui pourrait motiver de la part de ce dernier une réclamation légitime, même si l'intéressé avait omis de faire mentionner sa subrogation au Bureau des Hypothèques puisque la Société ne pourrait arguer de son ignorance d'un fait résultant d'un acte auquel elle serait intervenue.

Mention des subrogations doit être faite sur le rapport initial du prêt.

55. — Il est donc important avant de faire signer une mainlevée d'inscription de consulter cette page du rapport et mieux encore de reviser complètement le dossier et la correspondance de façon à s'assurer qu'il n'a, à aucune époque, été accepté de remboursement emportant subrogation au profit d'un tiers, et en cas de doute, de se faire reproduire une copie de tout acte de quittance ou mainlevée dressé à la suite de tout paiement fait par un tiers dans ces conditions. Il est même d'une excellente pratique de demander une copie sur papier libre des actes dressés en province en vertu d'une procuration autorisant le mandataire à faire mainlevée soit sans réserve soit sous réserve des droits d'un tiers pouvant prétendre à la subrogation, afin d'être renseigné sur le sens dans lequel a été établi l'acte et de pouvoir en tenir compte le cas échéant.

CHAPITRE IV.

Dégrèvements. — Limitation d'hypothèque.

56. — On appelle dégrèvement l'opération qui consiste à dégager de l'effet de l'hypothèque une partie des immeubles affectés à la garantie d'un prêt.

Ce résultat ne peut être obtenu qu'au moyen d'une autorisation du Conseil d'Administration et sur l'initiative du débiteur du prêt par la demande qu'il introduit à cet effet par lui-même ou par son notaire. La demande introduite par un acquéreur ne doit être instruite que si elle est confirmée par le débiteur lui-même, à moins que cet acquéreur ne soit détenteur de tout le gage et admis en cette qualité à la continuation du prêt; il est alors utile d'avoir l'agrément du débiteur originaire qui, restant toujours tenu personnellement de la dette, serait fondé à se dire dégagé de son obligation par suite de la réduction du gage hypothécaire consentie sans son agrément par le créancier.

Donc, dans le cas où, par suite de dépréciation subie par le gage, il semblerait utile de se ménager, pour en user au besoin, l'exercice de cette action personnelle, on ne devra pas consentir de dégrèvement sans le consentement du débiteur originaire et, à défaut de ce consentement, on laissera l'acquéreur notifier son contrat si bon lui semble.

Dès qu'il est saisi d'une demande de dégrèvement, le rédacteur, après avoir vérifié attentivement si la désignation donnée de l'immeuble à dégrever concorde bien avec celle faite au contrat de prêt et est suffisante pour établir la mainlevée d'une façon précise, en accuse réception au correspondant en l'informant que l'affaire va être mise à l'étude si elle est présentée dans les conditions acceptables, ou en lui demandant tous les renseignements complémentaires paraissant utiles et, enfin, l'avertissant de la somme à payer pour frais d'instruction (lettre imprimée, Annexe n° 16). L'un des documents essentiels de l'instruction étant la situation du prêt, le rédacteur fait immédiatement la demande de ce renseignement à la Comptabilité (Annexe n° 26). Si l'affaire ne peut être suivie telle qu'elle est présentée, on opposera au correspondant les fins de non recevoir qui vont être indiquées plus loin.

Quelles sont les différentes circonstances dans lesquelles peuvent se produire des demandes de dégrèvement, quelles sont celles à écarter et pour quels motifs, quelles sont les demandes recevables et qu'il y a lieu d'étudier et de quelle façon? C'est ce que nous allons examiner.

Les demandes de dégrèvement sont motivées :

Soit par la vente ou donation entre vifs d'une partie du gage.

Soit par partage ou licitation des immeubles hypothèques, intervenant ou entre les emprunteurs propriétaires indivis au moment du prêt ou entre leurs héritiers ou représentants.

Soit par partage ou licitation du gage à la suite de liquidation d'une Société emprunteuse.

Toutes demandes faites en vue d'une vente amiable ou par licitation ou d'un partage encore en projet doivent être écartées de prime abord et renvoyées à l'époque où les opérations projetées seront réalisées, conformément à une détermination prise à cet égard par le Conseil d'Administration.

Les motifs de cette détermination sont que les affaires étudiées ainsi prématurément, ou n'aboutissent pas ou aboutissent dans des conditions autres que celles dans lesquelles elles ont été soumises au Conseil. Une nouvelle étude, une nouvelle décision s'imposent; travail inutile duquel les administrateurs ont, avec raison, résolu de décharger leur ordre du jour.

Pour des motifs analogues, on subordonne encore l'étude d'une demande de dégrèvement à l'affirmation par le notaire que le règlement du prix de la partie du gage dont le dégrèvement est demandé ne donnera pas lieu à notifications ou ordre.

Cette prescription toutefois ne doit pas être entendue dans un sens absolu, car il peut arriver que la nécessité des notifications ou de l'ordre dépende du plus ou moins d'exigences du Crédit Foncier pour l'octroi de sa mainlevée.

Dans ce cas, le refus d'instruction de la demande enfermerait la question dans un cercle vicieux; il devra être passé outre à l'étude de l'affaire, sauf décision contraire du Chef de Division à qui il en sera référé.

Cette fin de non recevoir ne devra pas être opposée à la demande formée par le débiteur du dégrèvement d'une partie du gage sur laquelle il se propose d'édifier des constructions au moyen de fonds à provenir d'une ouverture de crédit en instruction près du Sous-Comptoir des Entrepreneurs. L'affaire présentée dans ces conditions devra donc être instruite alors même que l'aliénation de la partie à dégrever n'est encore ni effectuée ni même projetée.

La demande de dégrèvement présentée par l'acquéreur de la parcelle à dégrever doit être confirmée par le débiteur du prêt ou par le notaire de celui-ci en son nom.

Celle présentée par un donataire de l'emprunteur doit être agréée par le donateur dont l'obligation personnelle continue de subsister et dont l'obligation hypothécaire n'est que conditionnellement suspendue puisqu'elle peut revivre par suite de l'exercice de l'action en révocation ou du droit de retour.

La demande de dégrèvement d'une partie du gage vendu par un héritier qui en a été attributaire ou acquéreur par licitation doit être présentée par tous les débiteurs du prêt ou du moins approuvée par les cohéritiers du vendeur qui auront à donner leur agrément à la mainlevée. Cette mainlevée en effet, qu'elle soit donnée sans condition ou sous condition du versement du prix, si ce prix est inférieur à la valeur réelle de la partie aliénée, a pour résultat de grever davantage les immeubles compris dans leur attribution ; elle serait pour eux un motif à invoquer, en cas d'insuffisance du surplus du gage, pour s'opposer à l'exercice contre eux de l'action personnelle et de celle résultant de la stipulation d'indivisibilité, si le créancier, non couvert par la vente des immeubles, voulait y recourir. Le refus par le créancier de donner amiablement sa mainlevée aurait pu, en effet en obligeant l'acquéreur à faire les notifications, provoquer une surenchère et améliorer la situation.

Il en est de même pour la demande de dégrèvement introduite par un co-débiteur solidaire relative à l'immeuble qui lui est propre et a été aliéné par lui. Il est d'usage de demander le concours des autres co-débiteurs solidaires. En droit strict, ce concours n'est pas absolument nécessaire en raison de la solidarité par suite de laquelle chaque immeuble étant grevé de la totalité de la dette, le créancier a le droit de faire peser à son gré l'hypothèque sur telle fraction du gage qui lui convient. Mais jusqu'à ce jour on a considéré avec raison qu'il serait rigoureux d'user de ce droit dont l'exercice a pour résultat de charger davantage du poids de la dette les fractions du gage appartenant aux autres co-obligés solidaires sans l'agrément de ces derniers. Avertis de cette façon de la situation nouvelle qui leur est faite, par suite de la disparition d'une partie du gage commun, ils peuvent, en refusant leur concours, révéler que le prix de la vente n'est pas en rapport avec la valeur réelle de l'immeuble aliéné ou qu'il y a eu dissimulation d'une partie de ce prix et motiver de la part du Crédit Foncier le refus de la mainlevée demandée, ou du moins, l'exigence d'un versement d'une somme supérieure au prix offert. Ils auraient de plus la faculté d'offrir au créancier le remboursement de la part de la dette incombant au co-obligé vendeur; ce qui, en leur procurant la subrogation contre ce dernier, leur donnerait le droit de refuser eux-mêmes la mainlevée requise et de forcer ainsi l'acquéreur aux notifications qui leur permettraient la surenchère du dixième.

La même règle peut s'appliquer aux demandes de dégrèvement formées par l'un des membres d'une société en nom collectif relativement à un immeuble compris dans l'attribution qui lui a été faite par le partage de l'actif de la Société après sa dissolution, dissolution qui laisse subsister la solidarité de la dette entre tous les membres de ladite Société.

On peut d'ailleurs poser en principe qu'aucune modification du gage d'un prêt ne doit être autorisée sans le consentement de tous les co-obligés à ce prêt: débiteurs personnels, cautions solidaires ou simplement hypothécaires, et cette règle s'applique à toutes demandes de dégrèvements, division ou limitation d'hypothèque, désistement d'action personnelle, en un mot, à toute convention dont le résultat serait de diminuer les sûretés communes.

57. — L'affaire étant en état c'est-à-dire se présentant comme acceptable en principe et avec le concours de toutes les parties dont l'agrément est nécessaire à la mainlevée ainsi qu'il vient d'être dit, la Comptabilité ayant fourni le renseigne-

ment sur la situation du prêt relativement au capital et aux semestres, le rédacteur étudie sérieusement le dossier ou les dossiers intéressant l'immeuble à dégrever, en s'inspirant à ce sujet des instructions générales données ci-dessus (§ 9) et il établit un rapport (Annexe 45) exposant l'affaire dans l'ordre suivant :

1° Énonciation sommaire des prêts suivant l'ordre chronologique capital originaire, annuité, taux d'intérêt.

Il y a lieu de comprendre dans cette énumération, même un prêt qui a pour gage des immeubles autres que celui à dégrever, quand ce gage est commun à d'autres prêts à la garantie desquels est affecté l'immeuble dont le dégrèvement est demandé. En effet, la disparition de cet immeuble faisant peser l'hypothèque plus lourdement sur les gages restant, influence par contre-coup même la situation du prêt qui n'avait pas pour gage l'immeuble à dégrever ;

2° Désignation sommaire des gages des divers prêts, en distinguant les gages spéciaux à l'un ou à quelques-uns des prêts et les gages communs à tous ou à plusieurs d'entre-eux et en distinguant encore les gages fermes, c'est-à-dire ceux dont l'origine de propriété est absolument régulière et qui ont été acceptés sans aucune réserve d'avec les gages supplémentaires, c'est-à-dire ceux dont la propriété est irrégulièrement établie ou grevée d'usufruit et dont par suite la valeur n'a pu être comptée comme gage certain dans le calcul de la garantie statutaire ;

3° Indication, pour chaque catégorie de gages, des dégrèvements précédemment autorisés et par suite desquels la contenance primitive s'est trouvée diminuée et réduite à son chiffre actuel.

4° Rappel des inscriptions prises au profit du Crédit Foncier ou dans lesquelles le Crédit Foncier a été subrogé à l'occasion des prêts mentionnés.

5° Énonciation des faits qui motivent la demande de dégrèvement, désignation complète avec contenance, section et numéros de cadastre de la parcelle ou des parcelles à dégrever, en faisant ressortir les différences, sur ce point, entre les énonciations de l'acte d'aliénation ou partage et celles du contrat d'emprunt; rappel des stipulations du contrat de vente, partage ou échange pouvant intéresser le gage restant, par le fait des droits et servitudes qu'il peut établir au profit de l'immeuble distrait de la garantie ; indication du prix de la vente et des délais de paiement de ce prix.

6° Établissement de la situation de la créance en capital à la dernière échéance ou même à l'échéance prochaine, si elle est assez proche pour qu'il y ait probabilité que l'instruction de l'affaire ne puisse être terminée et la décision du Conseil prise et exécutée avant qu'elle n'arrive.

7° Proposition de renvoi du dossier au service des Prêts Hypothécaires chargé de donner son appréciation sur la demande, d'identifier d'une manière complète les immeubles dont le dégrèvement est demandé et d'examiner si le prix est en rapport avec la valeur réelle, par conséquent acceptable et quelle sera la valeur du gage restant.

En marge de la première page de son rapport le rédacteur en résume les énonciations principales : situation de la créance en principal et semestres, situation et contenance du gage actuel, contenance à dégrever et contenance restant après le dégrèvement, estimation donnée précédemment à l'immeuble objet de la demande. Il aura soin toutefois de laisser libre dans le bas de cette marge un espace de 8 à 10 centimètres de hauteur destiné à recevoir les annotations du Chef de Division et le résumé de ses propositions.

Le rapport ainsi complété est remis par le rédacteur avec tout le dossier de l'affaire au visa du Sous-Chef de Bureau qui le transmet au service des Prêts Hypothécaires (Annexe n° 45.)

58. — Quand le dossier aura été renvoyé avec le rapport de ce service, le rédacteur rédigera immédiatement les propositions à soumettre au Conseil d'Administration afin d'obtenir une décision sur l'affaire ; propositions basées tant sur le rapport préalable dressé par lui précédemment que sur celui établi par le service des Prêts Hypothécaires dont il rappellera sommairement les indications relatives à l'état de la créance, à la valeur et à la consistance du gage après le dégrèvement exécuté, en distinguant la valeur des gages communs et celle

des gages spéciaux et le chiffre de chaque partie de la dette garantie par un même ensemble de gages.

On conclut au dégrèvement pur et simple, c'est-à-dire sans condition du versement du prix de vente dans tous les cas où le gage restant, d'une valeur de plus de 10,000 fr. et au moins double du montant de la dette, présente un chiffre de revenu durable et certain au moins égal à celui de l'annuité du prêt.

Si la valeur du gage restant est de moins de 10,000 fr., on devra exiger que cette valeur excède de 1,000 fr. le double de la créance et conclure au versement de partie du prix suffisante pour obtenir ce résultat.

Dans tous les autres cas, ont doit imposer comme condition du dégrèvement le versement d'une fraction du prix suffisante pour réduire la créance à moitié au plus de la valeur estimative du gage restant.

Lorsque par suite de dépréciation subie par le gage, le versement de la totalité du prix est insuffisant pour réduire la créance à un chiffre n'excédant pas la moitié de la valeur de ce gage ou de cette valeur diminuée de 1,000 fr. si elle est de moins de 10,000 fr., on devra néanmoins conclure à l'autorisation du dégrèvement, sous la condition du versement de l'intégralité du prix à imputer sur le principal de la créance, quand le Service de l'Inspection aura reconnu dans son rapport que ce prix qui représente approximativement la valeur actuelle de la parcelle aliénée est acceptable, et que le Crédit Foncier n'a pas intérêt à provoquer une surenchère en forçant, par son refus, l'acquéreur à faire les notifications.

Le dégrèvement devra être subordonné au remboursement total de la créance si le gage restant se trouve être sans revenu certain et durable, c'est-à-dire dans une situation antistatutaire. (Articles 55 et 57 des Statuts.)

Il appartiendra, ensuite, au service du Recouvrement des Prêts de suivre sur les notifications rendues nécessaires pour l'acquéreur et de poursuivre le recouvrement de la créance.

Si dans le calcul de la garantie statutaire on a compris la valeur d'une construction édifiée sur le gage depuis l'emprunt, on devra exiger, comme condition du dégrèvement à autoriser, la justification qu'il n'a point été conféré sur cette construction nouvelle de privilège de constructeur ou d'entrepreneur, dont le bénéficiaire serait, en cas d'ordre ouvert sur le prix de la vente de ces constructions, préférable au Crédit Foncier. Ce privilège ne pouvant exister sans la double inscription des procès-verbaux d'état de lieux et d'expertise, prescrite par les articles 2103 § 4 et 2110 du C. C, la justification de sa non-existence sera faite au moyen de la production d'un état hypothécaire à lever sur le propriétaire de cette partie du gage et ne révélant aucune inscription de cette nature.

Cette condition devra être imposée dans toute décision du Conseil comportant une modification quelconque de l'hypothèque quand, dans l'estimation du gage restant, il aura été tenu compte de la valeur de constructions édifiées postérieurement à l'inscription prise à l'occasion du prêt.

Et dans le cas où les constructions nouvelles auraient été édifiées postérieurement au prêt par un locataire devenu depuis acquéreur du fonds ou abandonnées par celui-ci au propriétaire débiteur, on devra exiger leur affectation spéciale à la garantie du prêt et prendre une inscription en conséquence.

Si les constructions avaient été édifiées par un tiers détenteur admis en raison de l'augmentation de valeur en résultant, à continuer le prêt en totalité ou pour partie, on devra exiger de cet acquéreur ou l'affectation hypothécaire desdites constructions ou sa renonciation à se prévaloir à l'encontre du Crédit Foncier du bénéfice de l'article 2175 du C. C.

La décision du Conseil devra être subordonnée à la justification de l'assurance contre l'incendie de ces constructions nouvelles et cette justification faite, le rédacteur devra faire à la Compagnie d'assurance une notification de l'existence du prêt afin d'assurer à la Société le paiement de l'indemnité allouée en cas d'incendie de ces constructions.

59. — En même temps que le rapport suivi des propositions à soumettre au Conseil, le rédacteur remet au Sous-Chef de Bureau le libellé de l'ordre du jour de la séance du Conseil relatif à l'affaire et qui doit la résumer succintement en se conformant au cadre établi (Annexe n° 36) avec la formule de la décision du Conseil à inscrire après la séance sur le registre des délibérations, formule qu'il est d'usage de préparer à l'avance pour gagner du temps. Cette précaution permet d'en-

voyer le texte de cette décision au Secrétariat du Conseil le jour même ou le lendemain de la séance, après y avoir apporté les modifications voulues par le Conseil, et d'obtenir ainsi plus promptement l'extrait nécessaire pour la rédaction de la mainlevée ou de la procuration à fin de mainlevée à établir en vue de son exécution, extrait dont la demande est adressée au Secrétariat par la formule n° 37 de l'Annexe.

60. — Pour la rédaction de la décision, le rédacteur se conformera, aux diverses formules préparées à cet effet (Annexes n°s 41, 42).

La plus grande attention doit être apportée à l'énonciation des inscriptions sur lesquelles porte la mainlevée, surtout quand le gage comprend des immeubles situés dans plusieurs bureaux d'hypothèque. Si, à l'occasion du prêt, le Crédit Foncier avait été subrogé dans des inscriptions préexistantes, on devra s'assurer si elles frappent ou non l'immeuble à dégrever et les énoncer. A défaut de cette vérification, la décision se trouverait incomplète, de même que la procuration ou la mainlevée dressée en conséquence, et une nouvelle décision du Conseil s'imposerait.

Quand le dégrèvement proposé a pour résultat de laisser toute la créance sur la portion du gage vendue, en dégageant omplètement celle conservée par l'emprunteur, on devra proposer la réduction de l'effet des inscriptions à conserver au capital qui restera dû après l'exécution du dégrèvement et pour le montant duquel le prêt sera continué par l'acquéreur dont la situation au regard du Crédit Foncier se trouvera ainsi nettement établie. On agit de même quand la décision impose la réduction de la créance à une somme déterminée ou si l'intéressé en a fait la demande.

Après la séance du Conseil d'Administration et la remise dans les bureaux de la copie de l'ordre du jour où se trouve indiquée la décision prise sur l'affaire présentée et les conditions imposées par le Conseil, le rédacteur mentionne sommairement le sens de cette décision et de ces conditions à la suite de son rapport et rédige la lettre en donnant avis au correspondant.

Si l'exécution de la décision est subordonnée à un paiement

exigé par le Conseil ou à une affectation hypothécaire à consentir par le débiteur sur un immeuble offert en remplacement de l'immeuble à dégrever, la lettre indique que, faute d'exécution de ces conditions dans les six mois, la décision pourrait être rapportée, si bon semblait au Crédit Foncier.

Cette règle s'applique à toute décision du Conseil d'Administration dont l'exécution est subordonnée à une condition à remplir par le débiteur du prêt.

61. — La mainlevée qui doit être la conséquence du dégrèvement autorisé ou la procuration nécessaire pour dresser cette mainlevée ne doit être soumise à la signature du Gouverneur du Crédit Foncier qu'après l'exécution de la condition imposée, le paiement des frais d'instruction de l'affaire et de ceux de procuration ou du moins de l'inscription de ces frais au débit du compte du prêt. Si le paiement à faire en exécution de la décision doit avoir lieu en province, la procuration peut être toutefois envoyée au Trésorier général mais avec instruction de ne s'en dessaisir que contre versement de la somme exigée.

Quand le versement imposé est effectué, il est procédé pour l'application de la somme et l'établissement de la quittance ou de la mainlevée comme il a été dit ci-dessus au chapitre des Remboursements (§ 23 et suivants).

Si le dégrèvement a été autorisé purement et simplement ou sous condition d'un remboursement partiel déjà effectué, la signature de la quittance ou mainlevée ou de la procuration pour l'établir n'est subordonnée qu'au règlement des frais d'instruction et de procuration.

Le rédacteur mentionne ensuite tant le dégrèvement que le remboursement partiel dont il a été l'occasion, sur le tableau disposé à cet effet sur la deuxième page du Cahier des Rapports, reclasse soigneusement son dossier et le renvoie au Bureau Central.

62. — Il peut arriver que le dégrèvement demandé porte sur une partie du gage à laquelle est attachée une part importante des revenus de la propriété hypothéquée et qu'après la distrac-

tion de cette partie, les revenus du restant du gage se trouvent inférieurs au montant de l'annuité, situation contraire aux stipulations de l'article 57 des Statuts.

Le dégrèvement peut, néanmoins, être autorisé dans ces conditions si le débiteur se propose d'élever sur le gage restant dans un délai déterminé et assez rapproché, des constructions susceptibles de porter les revenus à un chiffre suffisant; mais il y a lieu de subordonner l'exécution de la décision au dépôt à effectuer par le débiteur, dans les caisses du Crédit Foncier, soit d'une partie du prix de la vente, soit de toute autre valeur offerte par le débiteur et suffisante pour garantir le paiement des annuités jusqu'à l'époque où le revenu aura atteint un chiffre suffisant pour que cette garantie devienne inutile.

Ce dépôt est constaté par un acte sous seing privé qui intervient entre le Gouverneur du Crédit Foncier et l'emprunteur dans la forme suivante :

Après l'exposé du prêt, de la décision autorisant le dégrèvement et de la mainlevée dressée en exécution de cette décision, ces conventions sont libellées comme il suit :

« M...... (le Gouverneur) a par ces présentes reconnu
« que M...... (le débiteur) en exécution de la décision du
« Conseil d'Administration du ..... a versé au Crédit Foncier
« de France dès le ...... la somme de ...... à titre de garan-
« tie du service exact des annuités du prêt susrelaté, jusqu'à
« l'édification à faire par M...... sur le restant du terrain sis
« à ...... de bâtiments nouveaux susceptibles d'un revenu
« suffisant pour porter à ..... l'ensemble des revenus nets de
« la propriété hypothéquée située à ......

« Il devra être justifié de cette situation par M...... dans
« le délai de ...... à compter du ...... et le paiement
« régulier des annuités du prêt devra être continué par lui,
« nonobstant le dépôt de la somme de ......

« A défaut de cette justification et du paiement régulier des
« annuités, le Crédit Foncier pourra, si bon lui semble, après
« une simple mise en demeure, poursuivre, conformément à
« l'article 2078 du Code Civil, l'attribution de la somme dépo-
« sée, pour en faire l'imputation dans les termes de droit, sur la
« créance de ladite Société, avec les intérêts à .... 0/0 dont elle

« sera productive à compter du ..... jusqu'au jour de la mise
« en demeure.

« Le retrait de la somme déposée et de ses intérêts pourra
« être effectué par M..... sur l'autorisation du Crédit Foncier,
« après nouvelle expertise du gage et constatation des revenus
« exigés.

« Les droits de timbre et d'enregistrement des présentes
« seront acquittés par M..... qui s'y oblige.

« Pour l'exécution des présentes, les parties élisent domicile,
« savoir : M..... au nom du Crédit Foncier au siège social
« de la Société, et M..... à ......

« Fait double à ...... le ...... »

On devra avant la remise du dépôt exiger la production de la police d'assurance des nouvelles constructions et faire à la Compagnie d'assurance, dans la forme ordinaire (Annexe n° 18) la notification nécessaire pour arrêter les paiements de l'indemnité due en cas de sinistre.

63. — Quand le prix de l'immeuble aliéné n'est payable que dans un délai assez éloigné, ce qui, dans le cas où le dégrèvement de cet immeuble ne serait autorisé que sous condition du versement dudit prix, aurait pour résultat de laisser imprécise la situation de l'acquéreur, dont l'immeuble demeurerait grevé d'une dette supérieure au prix dont il est resté débiteur, on peut, pour parer à cet inconvénient, proposer au Conseil d'Administration d'autoriser, au lieu du dégrèvement conditionnel de l'immeuble aliéné, la limitation de l'hypothèque du Crédit Foncier sur cet immeuble à un chiffre égal au prix restant dû par l'acquéreur, à condition toutefois que ce prix soit reconnu suffisant et acceptable et que la valeur du surplus du gage jointe à la somme à laquelle est limitée l'hypothèque sur l'immeuble vendu, représente une garantie statutairement suffisante de la créance. (Voir pour décision, Annexe 40.)

Mais il y a lieu d'éviter, tant dans la correspondance relative à l'affaire, que dans la mainlevée elle-même, de donner à cette limitation de l'hypothèque le caractère d'une acceptation, non seulement du prix de la vente, mais encore du délai de paiement accordé par le vendeur. L'acceptation du délai aurait, en effet, pour résultat d'entraver, en ce qui concerne l'immeuble

Limitation d'hypothèque.

vendu les poursuites en expropriation que la Société pourrait avoir a exercer pendant ce délai.

On devra donc faire toutes réserves à ce sujet dans la correspondance; la mainlevée de l'inscription devra être consentie *simplement en ce que, grevant l'immeuble aliéné* elle conserve une somme supérieure à celle fixée par le Conseil.

Formulée de cette façon, elle laisse entier pour le créancier le droit de poursuivre même sur cet immeuble et à toute époque, le recouvrement de sa créance, à concurrence de la somme fixée, nonobstant le délai d'exigibilité du prix accordé par le vendeur à l'acquéreur.

CHAPITRE V.

Division de prêt. — Désistement d'action personnelle.

64. — La division de prêt est la convention par laquelle le créancier consent à faire une répartition de la dette commune soit entre deux ou plusieurs débiteurs solidaires sur des immeubles divis, soit entre deux ou plusieurs personnes devenues propriétaires par acquisition, donation ou succession, chacune d'une partie du gage de cette dette, et à restreindre l'effet de l'hypothèque sur chaque fraction du gage au chiffre de la dette laissée sur cette fraction, de façon à ce que chaque débiteur ne soit plus tenu hypothécairement que pour la somme laissée sur l'immeuble dont il est ou est devenu propriétaire. Cette division ainsi consentie n'a pas toutefois pour résultat de dégager chaque codébiteur de l'action personnelle dont il reste tenu vis-à-vis du créancier soit en vertu de la solidarité stipulée au contrat d'emprunt si la division a lieu entre coemprunteurs, soit, s'il s'agit d'héritiers de l'emprunteur, par suite de l'indivisibilité de la dette, stipulée au même contrat. La division à moins de stipulation contraire à cet égard n'a d'effet qu'au point de vue hypothécaire et laisse subsister, contre tous les codébiteurs, l'obligation personnelle c'est-à-dire l'obligation pour chaque débiteur, en cas d'insuffisance du gage pour couvrir la dette, de parfaire la différence sur ses biens personnels, sauf son recours contre ses codébiteurs.

La demande de division d'un prêt doit être présentée par tous les codébiteurs de ce prêt.

Si elle a lieu à la suite d'une vente en vue de la répartition de la dette entre l'emprunteur et un ou plusieurs acquéreurs, elle doit être faite par le vendeur avec ou sans le concours des acquéreurs et ne peut être instruite qu'après réalisation de la vente et production d'une copie ou d'un extrait de cet acte.

Si la demande est faite en conséquence d'une donation de partie du gage à un donataire chargé d'acquitter partie de la dette, ou de la totalité ou de partie du gage à plusieurs donataires chargés chacun d'une partie déterminée du prêt, elle doit être présentée par le donateur, ou du moins avec son consentement.

Si elle est motivée par un partage entre emprunteurs, codébiteurs solidaires ou entre héritiers de l'emprunteur, tenus conjointement par la clause d'indivisibilité, l'instruction en est subordonnée au consentement de tous les coobligés et à la production de l'acte de partage. Si l'un des copartageants est mineur, elle n'est recevable que si elle est conforme aux dispositions du partage et à la condition que ce partage ait été dressé dans les formes légales et homologué.

De même quand la division est demandée à la suite de la dissolution d'une Société en nom collectif à l'effet de répartir la dette entre quelques-uns des anciens membres de la Société sur les portions de gage qui leur sont respectivement attribuées, on exigera le concours de tous les membres de la Société, souscripteurs du prêt, à raison de la solidarité qui les lie envers le créancier et pour les motifs exposés à l'occasion des demandes de dégrèvement d'immeubles affectés dans des conditions identiques.

65. — On suit, pour l'instruction des demandes de division de prêts, exactement la même procédure que pour celle des demandes de dégrèvements, y compris la préparation de l'ordre du jour et de la décision du Conseil d'Administration qui est établie conformément à la formule (Annexe n° 44). Voir § 57 et suivants.

66. — Quand les parties intéressées avisées de cette décision ont fait connaître leur acceptation et exécuté les conditions imposées par le Conseil d'Administration, le rédacteur établit et transmet au notaire correspondant la formule de l'acte de division d'hypothèque conformément au modèle adopté (Annexe n° 47) en joignant à cette formule, si l'acte doit être signé hors de Paris, une procuration en blanc constituant un mandataire chargé de représenter le Gouverneur de la Société à la signature de l'acte.

A cet effet, le rédacteur adresse préalablement à la Comptabilité suivant la formule (Annexe n° 30) une demande tendant à obtenir à titre officieux de ce service le chiffre de l'annuité afférente à chaque fraction du prêt divisé.

Au cours de la rédaction de l'acte de division, on doit éviter avec soin d'indiquer que la somme qui en fait l'objet, forme le capital reçu sur le montant du prêt, énonciation qui donnerait lieu lors de l'enregistrement, à la perception du droit de libération sur la partie de la dette remboursée ou amortie. On indiquera simplement que la somme sur laquelle porte la division, ou ses diverses fractions, *font partie* du capital originaire du prêt, ce qui n'implique en aucune façon la libération du surplus. De même aussi quand la division a lieu entre une fraction du gage aliénée et une fraction restant à l'emprunteur, on devra, en faisant la restriction de l'hypothèque sur cette dernière portion, l'indiquer comme formant le surplus du gage et non pas comme *restant appartenir à l'emprunteur*, ce qui pourrait n'être plus exact au moment de la signature de l'acte par suite de la transcription récente d'une aliénation.

Conformément à l'une des clauses de l'acte de division, une expédition de cet acte doit être remise au Crédit Foncier et classée au dossier du prêt, ainsi qu'un certificat de la radiation partielle opérée en conséquence dudit acte.

67. — Dès que cet acte est régularisé, le rédacteur renvoie à la Comptabilité la notice établie à titre officieux en vue de la signature en la complétant par l'indication de la date de l'acte afin de faire opérer la division sur les registres des prêts. Cette opération terminée, une copie de cette feuille sur laquelle a été ajouté le numéro ou la lettre identifiant chaque fraction du prêt, est renvoyée au Service du Contentieux avec la signature du Chef de la Comptabilité et doit être soumise à la signature du Chef de Division, puis classée au dossier.

A partir de ce moment un nouveau compte est ouvert pour chaque fraction du prêt divisé, mais sans qu'aucun changement soit apporté dans l'indication du ou des titulaires anciens au nom desquels les quittances de semestres continueront d'être délivrées jusqu'à ce que soit opérée la *mutation* au nom des nouveaux titulaires chargés respectivement de la continuation des diverses fractions, mutation à opérer dans les formes qui seront indiquées ci-après sous le chapitre VIII.

A partir du moment où cette mutation sera opérée, la correspondance et toutes les pièces relatives à chacune des fractions du prêt devront être classées au dossier sous une cote ou chemise spéciale afin d'éviter une confusion d'où pourraient résulter des erreurs.

Désistement d'action personnelle.

68. — Dans le cas où, par suite de partage ou licitation, l'un où plusieurs des débiteurs d'un prêt se trouvent, vis-à-vis de leurs codébiteurs, dégagés du paiement de la dette laissée exclusivement à la charge de ceux devenus seuls propriétaires soit divisément soit indivisément du gage affecté à sa garantie, ils peuvent demander à être dégagés également de l'action personnelle qui continue à les lier à l'égard du créancier. Si cette demande est formulée en même temps que la demande de division, elle doit être instruite et présentée au Conseil concurremment avec celle-ci. Dans le cas contraire, elle doit faire l'objet d'une instruction et de rapports spéciaux.

A ce sujet, il y a lieu de distinguer si la demande de désistement de l'action personnelle est faite par un codébiteur solidaire ou par un débiteur héritier pour partie de l'emprunteur et qui n'est tenu de la totalité de la dette que par la stipulation d'indivisibilité existant au contrat d'emprunt, ou encore par le débiteur principal en vue de se dégager de la partie de sa dette laissée par lui à la charge d'un acquéreur de la totalité ou de partie du gage.

69. — Dans le premier cas (dégagement d'un débiteur solidaire), le désistement, laissant le créancier en présence d'un débiteur tenu lui-même personnellement au paiement de la dette entière et contre lequel le titre originaire a toute sa force exécutoire, peut être consenti purement et simplement sans qu'il soit utile d'exiger aucun engagement nouveau de la part du débiteur restant seul chargé de la dette; mais il sera nécessaire de formuler à cet égard une réserve expresse du bénéfice de la solidarité contre ce dernier, nonobstant le désistement accordé par le créancier aux débiteurs dégagés, et d'obtenir son consentement à ce désistement avec déclaration par lui qu'il reste tenu pour la totalité.

70. — Dans le second cas (dégagement d'un ou de plusieurs héritiers de l'emprunteur), celui ou ceux des héritiers qui restent chargés de la dette, après le dégagement de l'un ou de plusieurs de leurs codébiteurs, n'étant malgré la stipulation d'indivisibilité, tenus personnellement au regard de leurs cohéritiers qu'à concurrence chacun de sa part virile dans la succession du débiteur primitif, le titre exécutoire valable contre celui-ci ou contre l'ensemble de l'hérédité devient insuffisant contre un seul ou quelques-uns seulement des héritiers. En conséquence, il y a lieu d'exiger de celui ou de ceux chargés personnellement d'une portion de la dette supérieure à leur part virile, un nouvel engagement personnel pour la fraction de la dette laissée à leur charge avec affectation hypothécaire en première ligne des immeubles qui en constituent la garantie.

71. — Dans le troisième cas (dégagement de l'emprunteur lui-même, après vente du gage à un acquéreur chargé de continuer le prêt) il y a lieu d'exiger de l'acquéreur une obligation personnelle avec affectation hypothécaire en premier rang relativement à la dette ou partie de la dette laissée à sa charge.

La constitution d'un nouveau titre souscrit directement par le nouveau débiteur au profit du Crédit Foncier, s'impose dans ces conditions pour les motifs suivants :

1° Par suite de l'abandon par la Société de ses droits contre le débiteur primitif, la créance cesse d'être dans les conditions statutaires; elle devient une créance de droit commun résultant de l'article 2167 du C. C., privée par suite des avantages et privilèges accordés aux créances du Crédit Foncier par sa législation spéciale. Cette situation ne peut être rétablie que par un engagement direct du tiers détenteur envers la Société pour la dette laissée à sa charge par son vendeur.

2° Le désistement de l'action personnelle a en outre pour conséquence de créer une impossibilité de procédure résultant de ce que le titre primitif ayant par suite de ce désistement, cessé d'être opposable au débiteur originaire, ne peut plus lui être signifié ainsi que le veut l'article 33 du décret du 28 février

1852, par le commandement, acte initial de toute procédure en expropriation, avant d'être dénoncé au tiers détenteur.

Voici dans quels termes doivent être rédigées les propositions à inscrire à l'ordre du jour de la séance dans laquelle le Conseil est appelé à statuer sur la demande du désistement de l'action personnelle et la décision autorisant ce désistement :

I. — Ordre du jour.

« Sous condition :

« 1° D'un engagement personnel par M...... (l'acquéreur) « pour la somme de..... redue sur le prêt ci-contre qui se « trouvera ainsi remboursé définitivement ;

« 2° D'une affectation par hypothèque au premier rang de « l'immeuble gage du prêt.

« *Premièrement*. — Désistement de l'action personnelle du « Crédit Foncier contre M.....

« *Deuxièmement*. — Admission de M... comme débiteur de ladite somme de.... aux lieu et place de M..., aux condi« tions du prêt fait à ce dernier.

« *Troisièmement*. — Mainlevée définitive de l'inscription « prise contre celui-ci. »

II. — Décision.

« Le Conseil,

« Sur la demande de M......, titulaire d'un prêt de......
« consenti en..... pour..... ans au taux de..... 0/0......
« actuellement réduit à...... avec hypothèque sur .... acquis
« depuis par M..... moyennant le prix de..... sur lequel ce
« dernier a conservé somme suffisante pour continuer le ser« vice des annuités destinées au remboursement dudit prêt
« (ou : sur la demande de M....., acquéreur d'un immeuble
« sis à....., formant le gage d'un prêt de..... actuellement

« réduit à....., consenti en..... à M...., pour....... ans au
« taux de ..... 0/0, sur le prix duquel immeuble, s'élevant
« à...... M..... a conservé somme suffisante pour continuer
« le service des annuités destinées au remboursement du
« prêt;

« Et sous la condition :

« 1° De l'engagement personnel à contracter par M........
« (l'acquéreur) envers le Crédit Foncier, au paiement de la
« somme de....., due par M..... (l'emprunteur) à ladite
« Société à raison du prêt sus-énoncé, qui se trouvera éteint
« et amorti par ce nouvel engagement.

« 2° De l'affectation hypothécaire au premier rang et sans
« concurrence de l'immeuble ci-dessus désigné, à la garantie
« de ladite somme;

« *Premièrement*. — Désiste le Crédit Foncier de son action
« personnelle contre M..... à raison du prêt ci-dessus
« relaté.

« *Deuxièmement*. — Accepte de conserver M..... (l'acqué-
« reur) comme débiteur de ladite somme de..... au lieu et
« place de M..... (l'emprunteur) aux conditions du prêt
« consenti à ce dernier; » (si l'intérêt primitif était inférieur à
celui pratiqué au moment de la décision, on ajoute) : « sans
« autre modification que celle du taux de l'intérêt qui sera
« porté de..... à.....

« *Troisièmement*. — Autorise la mainlevée et la radiation
« définitive avec désistement de tous droits d'hypothèque,
« privilège et action résolutoire de l'inscription prise au
« Bureau des Hypothèques, le........, au profit du Crédit
« Foncier contre M........., et en ce quelle peut profiter au
« Crédit Foncier, de l'inscription d'office prise au profit de
« M....... contre M......., lors de la transcription de la
« vente consentie à ce dernier. »

Pour la suite à donner à cette décision, le dossier est renvoyé au service des *actes de prêts*.

Le désistement d'action personnelle ayant pour résultat de détruire entièrement le lien de droit existant entre le créancier et son débiteur, la Société n'a plus après avoir consenti ce désistement à délivrer, en cas de décès de ce dernier, l'attestation qui permettrait la déduction du montant de la créance résultant du prêt de l'actif de sa succession. La délivrance de cette attestation exposerait la Société à l'amende prévue par l'article 9 de la loi du 25 février 1901.

Les formules qui précèdent peuvent, au moyen d'une légère variation dans le préambule, être utilisées dans tous les autres cas où la continuation du prêt ne peut avoir lieu au profit d'un acquéreur que par acte authentique et sur autorisation du Conseil d'Administration. (Voir ci-après § 98.)

72. — Quand il s'agit d'un prêt fait à une Société, il y a lieu de distinguer si la Société emprunteuse est ou non une Société en nom collectif et si le détenteur du gage est ou non l'un des membres de la Société. Les membres qui composent la Société en nom collectif étant tous tenus solidairement avec elle et solidairement entre eux de l'obligation commune, même après la dissolution de la Société, le créancier peut en consentant la division entre ceux des membres de la Société qui sont devenus attributaires du gage du prêt et le désistement de son action personnelle contre les autres, ne pas exiger des détenteurs de ce gage un nouvel engagement et une nouvelle hypothèque. En effet, bien que la Société ait disparu, l'obligation solidaire qui lie chacun de ses membres envers le créancier, a survécu à sa dissolution et le titre originaire a conservé toute sa valeur contre chacun des attributaires de partie du gage. Mais on devra comme dans le premier cas ci-dessus, faire toutes réserves contre ces derniers du bénéfice de la solidarité et exiger de leur part la renonciation à se prévaloir du désistement accordé, comme d'une cause de déchéance de ce bénéfice, et la déclaration qu'ils entendent rester tenus de la totalité de la dette.

73. — Il n'en serait pas de même si l'immeuble hypothéqué avait été acquis par des tiers, ou si la Société emprunteuse était une Société anonyme. On devrait alors appliquer la clause du contrat de prêt par laquelle est stipulé le droit, pour le

Crédit Foncier, d'exiger le remboursement de sa créance ou l'obligation personnelle par l'acquéreur au paiement de la dette, avec nouvelle affectation hypothécaire en premier rang. L'opération se résumerait ainsi en une demande de prêt par chaque acquéreur sur la fraction du gage acquise par lui, avec affectation de la somme empruntée, au remboursement de la part lui incombant dans le prêt fait à la Société dissoute.

74. — Les conventions relatives au désistement d'action personnelle sont habituellement rédigées par acte sous seing privé que l'on évite de soumettre à l'enregistrement, à moins d'une demande expresse des parties ; cette formalité, en effet, donnerait lieu à l'ouverture du droit de libération sur toute la partie de la créance dont était tenu le bénéficiaire de la renonciation, ce qui peut être le montant intégral de la dette, s'il s'agit d'un débiteur solidaire.

L'acte de désistement d'action personnelle pour lequel n'existe pas de formule imprimée, intervient entre le Gouverneur du Crédit Foncier ou son mandataire et tous les débiteurs du prêt, y compris celui ou ceux à dégager de leur obligation. On peut, après l'énonciation des noms et qualités des parties et des faits subséquents à l'emprunt, adopter la rédaction suivante :

« Dans ces conditions et sur la demande expresse et conjointe de tous les soussignés, le Conseil d'Administration du Crédit Foncier de France par décision du ..... a autorisé le désistement de l'action personnelle militant au profit du Crédit Foncier contre M. .....

« Et par ces présentes M. ..... audit nom, en exécution de la décision susrelatée du : ..... dont un extrait est ci-annexé, a déclaré reconnaître et accepter comme seul débiteur de l'emprunt dont il s'agit M. ..... et décharger M. ....., de toute responsabilité à l'égard de cet emprunt et par suite de l'action personnelle dont il est tenu en qualité de coemprunteur (ou d'héritier de M. ...... coemprunteur) et ce du consentement exprès de M. ....., à l'égard duquel tous droits et actions de la Société se trouvent expressément réservés;

« ledit M. ..... déclarant ne pas se prévaloir de la renoncia-
« tion ci-dessus faite au profit de M. ..... comme d'une cause
« de déchéance du bénéfice de la solidarité en vertu de laquelle
« il continue à être tenu envers le Crédit Foncier de la totalité
« de la dette résultant de l'emprunt ci-dessus énoncé.

« Fait en autant d'originaux que de parties à ..... le ..... ,
et à ..... le .....

CHAPITRE VI.

Translation d'hypothèque.

75. — La translation ou le transfert d'hypothèque est l'opération qui a pour objet la substitution d'un gage à un autre gage hypothécaire.

Le service du Contentieux est chargé seulement de l'étude des demandes de cette nature mais non de leur exécution.

Ces affaires s'instruisent de la même façon que les demandes de dégrèvement et de division : rédaction d'un rapport préalable exposant la demande et contenant l'énonciation du prêt ou des prêts grevant l'immeuble à dégrever ou ayant un gage commun, de la situation actuelle de ces prêts tant au point de vue de la composition des gages qu'au point de vue de l'importance de la dette en principal et semestres arriérés et enfin la désignation de l'immeuble offert comme gage nouveau, avec proposition de renvoi au Service des Prêts Hypothécaires pour avoir son appréciation sur la valeur des immeubles qui le composent ; puis après le retour du dossier de ce service avec le rapport qui y a été établi, présentation au Conseil d'Administration d'un rapport concluant soit au rejet, soit à l'acceptation de la demande sous les conditions jugées utiles, d'après les constatations et les conclusions du Service des Prêts Hypothécaires ; rédaction de l'ordre du jour et de la décision à prendre, sauf à rectifier après la séance, conformément aux modifications qui pourraient être apportées par le Conseil (voir formule, Annexe n° 43) : après la séance du Conseil, rectifications s'il y a lieu, de la décision préparée, demande de l'extrait de cette décision au secrétariat du Conseil. — Avis aux intéressés.

Si une condition de remboursement a été imposée, le rédacteur au Contentieux en provoque et surveille l'exécution. Dès le versement effectué et le décompte le constatant classé au dossier, il fait sur le cahier des rapports la mention sommaire du remboursement et renvoie son dossier au bureau

Central avec avis de transmission au Service des Actes de Prêt (A. P.) chargé de l'exécution de la décision, en ce qui concerne l'affectation hypotécaire du nouveau gage. Ce service, après la régularisation de cet acte, et si le compte rendu de formalités ne contient pas mainlevée de l'inscription grevant l'ancien gage, renverra le dossier au Contentieux et le rédacteur aura à terminer l'affaire en faisant signer cette mainlevée si le notaire est en résidence à Paris, ou, dans le cas contraire, en faisant établir la procuration nécessaire pour la régulariser en l'étude du notaire de banlieue ou de province chargé de la recevoir. Le rédacteur mentionne ensuite le transfert d'hypothèque sur le cahier des rapports et renvoie définitivement son dossier au Bureau Central.

CHAPITRE VII.

Désistement d'antériorité.

76. — Quand l'état d'inscription levé sur l'emprunteur au moment de la réalisation du prêt, a révélé l'existence d'inscriptions antérieures à celles prises au profit de la Société et dont la mainlevée n'a pu être obtenue, on a dû, pour pouvoir réaliser le prêt, exiger du créancier préférable une cession de son droit d'antériorité de façon à procurer au Crédit Foncier le premier rang hypothécaire exigé par ses statuts. La priorité ainsi obtenue établit, au profit du créancier qui en a le bénéfice, un droit sur l'existence même de l'inscription dont le rang lui est cédé et la mainlevée n'en peut plus être donnée, sans son concours, par le titulaire.

Le Crédit Foncier peut donc être appelé soit à donner son concours à une mainlevée à établir d'une inscription dont le rang lui a été cédé, soit à approuver la mainlevée qui déjà en a été consentie. Une autorisation du Conseil d'Administration de la Société est nécessaire dans l'un et l'autre cas ; la préparation en incombe au service du Contentieux.

Le rédacteur saisi d'une affaire de cette nature, après avoir étudié le dossier du prêt qui a donné lieu à la cession d'antériorité, a simplement à rédiger un rapport exposant la situation et la demande et proposant au Conseil d'Administration d'y faire droit ; puis à préparer l'ordre du jour y relatif et la formule de la décision à prendre à ce sujet.

Par cette décision dont il n'existe pas de modèle imprimé à cause de la diversité des cas, le Conseil d'Administration approuve l'acte de mainlevée partiel ou définitif consenti par le créancier dont l'antériorité a été cédée ou, si la mainlevée n'est pas encore établie, consent à donner son concours à cette mainlevée et il autorise : 1° la radiation de l'inscription dans le sens de la mainlevée c'est-à-dire : soit définitivement soit sous les réserves exprimées dans cet acte ; 2° et si la mainlevée est définitive, la radiation des mentions d'antériorité mises en marge tant de l'inscription dont il est donné mainlevée que le celle du Crédit Foncier ; 3° et si au contraire, la mainlevée est partielle, la radiation seulement de l'inscription, objet de cette mainlevée dans le sens et sous les réserves y exprimées, nonobstant les mentions d'antériorité existant en marge de l'une et l'autre inscriptions.

Mais la partie finale de cette formule relative à la radiation de la mention d'antériorité doit subir suivant les cas des modifications qu'il est bon de signaler ici selon que le désistement d'antériorité est motivé par une mainlevée définitive ou par une mainlevée partielle (ou qu'il y a eu, pour le même prêt, cessions d'antériorité par plusieurs créanciers dont un seul ou quelques-uns seulement donnent mainlevée de leurs inscriptions.

77. — Dans le premier cas, (mainlevée définitive d'une ou de plusieurs inscriptions, les seules dont l'antériorité ait été cédée), aucune difficulté ; le Crédit Foncier consent à la radiation définitive de la mention ou des mentions mises à la date du... tant en marge desdites inscriptions dont mainlevée est ou va être donnée qu'en marge de l'inscription du Crédit Foncier.

78. — Dans le deuxième cas (mainlevée partielle d'une ou de plusieurs inscriptions, dont l'antériorité a été cédée) : le Crédit Foncier consent la radiation desdites inscriptions dans le sens et dans la limite où en est consentie la mainlevée sous les réserves stipulées en l'acte qui l'établit, nonobstant les mentions d'antériorité existant tant en marge de ces inscriptions qu'en marge de celle du Crédit Foncier.

79. — S'il s'agit d'une mainlevée définitive par l'un seulement de plusieurs des créanciers qui ont cédé leur droit d'antériorité, le Crédit Foncier consent la radiation de la *mention relative* à l'inscription dont il est donné mainlevée mise tant en marge de cette inscription qu'en marge de celle du Crédit Foncier, réserve expresse étant faite de l'effet de toutes autres mentions existant en marge de cette dernière inscription

et relatives à toutes autres inscriptions dont l'antériorité a été cédée à ladite Société.

80. — Chaque fois que la radiation définitive de la mention d'antériorité est autorisée, il y a lieu d'indiquer dans la décision que cette radiation ne pourra être opérée qu'en même temps que la radiation définitive de l'inscription dont le rang avait été cédé. On devra exiger la production du certificat de radiation constatant la disparition de cette inscription et l'énoncer soit en marge de l'état d'inscriptions soit en marge de l'acte de réalisation en regard de l'énonciation de la cession d'antériorité.

CHAPITRE VIII.

Mutations.

81. — On désigne sous le nom de *mutations* toutes les opérations nécessitées par la transmission de la propriété du gage d'un prêt et ayant pour objet la régularisation du transfert de ce prêt au nom du nouveau propriétaire.

Les mutations ont lieu soit par suite de décès, de partage ou licitation entre coemprunteurs d'un immeuble indivis entre eux au moment du prêt dont il constituait le gage, ou entre héritiers du débiteur décédé, soit par suite d'aliénation du gage par donation, vente, échange ou poursuites en expropriation.

<small>Notification aux Compagnies d'assurances par suite de mutations.</small>

82. — Quelle que soit la cause de la mutation, une formalité est commune à tous les cas, c'est celle relative à la régularisation du prêt au point de vue de l'assurance contre l'incendie : La loi du 19 février 1889, en établissant un droit de préférence au profit du créancier hypothécaire d'après son rang d'inscription sur l'indemnité d'assurance allouée en cas de sinistre, a toutefois stipulé que la Compagnie d'assurance serait valablement libérée par le paiement fait de bonne foi entre les mains de l'assuré; et comme aucune disposition n'oblige la Compagnie d'assurance à se renseigner sur la situation hypothécaire de ce dernier en levant un état d'inscription, c'est au créancier qu'il incombe de lui faire connaître l'existence de sa créance et de l'inscription qui la concerve, afin de s'assurer, sur l'indemnité, le droit que lui donne son rang hypothécaire.

83. — L'efficacité de cet avis donné par le créancier à la Société d'assurance est subordonné nécessairement à la régularité de l'assurance elle-même, régularité qu'il importe de vérifier en exigeant la production de la police au nom du nouveau

propriétaire ou de l'avenant de transfert à son profit de la police antérieure (lettres, Annexe 19 et 20).

Le rédacteur en possession de ces police ou avenant aura à vérifier les divers points suivants :

1° La Compagnie assureur est-elle au nombre de celles agréées par le Crédit Foncier, dont on trouvera la liste dans les bureaux du Contentieux ou dans le bureau spécial des *assurances* ?

2° Le bénéficiaire actuel de l'assurance est-il bien le propriétaire actuel de l'immeuble hypothéqué devenu en cette qualité débiteur du prêt? Cette identité entre la personne de l'assuré et celle du propriétaire débiteur est de toute importance puisque le Crédit Foncier ne pourrait réclamer le bénéfice de la loi et prétendre à l'encaissement de l'indemnité due en cas de sinistre si l'assurance était faite au profit d'un locataire, d'un usufruitier, d'un autre créancier ou de toute autre personne que son débiteur. Cette vérification s'impose encore au point de vue de l'existence même de l'assurance, puisque la plupart des Compagnies stipulent dans leurs polices que toute déclaration inexacte sur la personne et les qualités de l'assuré emporte déchéance du bénéfice de l'assurance. Pour pouvoir la faire utilement, il y a lieu d'exiger la production des actes : testament, donation, intitulé d'inventaire, acte de notoriété, partage, licitation, vente ou échange établissant la mutation.

3° L'immeuble assuré par la police produite est-il bien celui qui forme le gage du prêt ? Sans cette identité entre le gage du prêt et l'immeuble assuré, le bénéfice de l'assurance échapperait au créancier ;

4° Le chiffre de l'assurance est-il suffisant et représente-t-il bien la valeur estimative de l'immeuble assuré, valeur dont l'importance est indiquée dans le rapport d'estimation préalable au prêt? L'insuffisance du chiffre assuré aurait en effet pour résultat de ne donner comme indemnité qu'une somme inférieure à la diminution subie par le gage par suite de la disparition de l'immeuble incendié et de laisser peut-être la créance insuffisamment garantie ;

5° L'assurance est-elle contractée avec plusieurs Compagnies ? On devra vérifier si la déclaration de coassurance a été faite à chaque Compagnie, sinon l'exiger afin d'éviter la déchéance encourue de ce fait.

Par suite d'accord entre le Crédit Foncier et les Compagnies d'assurances, ces Compagnies se reconnaissent suffisamment averties de l'existence de la créance sur l'immeuble assuré par une simple lettre missive qui leur est adressée à cet effet sous pli recommandé (Annexe n° 18).

Avis de la mutation doit être donné à la Comptabilité.

84. — Une autre formalité commune à la plupart des mutations c'est l'envoi par le rédacteur chargé de l'affaire au service de la Comptabilité, d'un avis (Annexe n° 31), informant ce service de la mutation survenue, afin d'opérer sur les registres des prêts le transfert du prêt dont il s'agit au nom du nouveau débiteur et de pouvoir établir à ce nom les quittances de semestres. Nous ferons connaître les diverses exceptions que comporte cette règle en étudiant les divers cas de mutations.

Mutations après décès.

85. — L'intérêt de la régularisation de la mutation après décès, en outre de celui de surveiller la régularité de l'assurance contre l'incendie, est de faire connaître au créancier son nouveau débiteur c'est-à-dire la personne à laquelle il aura à adresser les réclamations utiles en cas de non-paiement des semestres d'annuités ou contre laquelle il aura à diriger des poursuites dans le cas où ces réclamations resteraient sans résultat.

Avant la loi du 25 février 1901 sur les successions, la plupart des mutations restaient inconnues du Crédit Foncier, les nouveaux débiteurs n'ayant pas d'intérêt immédiat à se faire connaître, la Société n'ayant elle-même aucun moyen d'information sur le décès de ses emprunteurs et aucune clause du contrat de prêt n'obligeant les héritiers ou représentants du défunt, sous une sanction quelconque, à se révéler à leur créancier dans un délai déterminé.

Le même inconvénient n'existe plus aujourd'hui; les héritiers, pour obtenir sur l'actif soumis au droit de mutation la déduction autorisée par la loi, de la créance du Crédit Foncier, sont obligés de faire la demande à la Société de l'état de cette créance et d'indiquer la date du décès du titulaire du prêt.

La Société se trouve ainsi avertie ; elle peut alors demander aux héritiers la justification de leurs qualités héréditaires, afin d'opérer la mutation du prêt sur ses registres et d'établir à leur nom les quittances de semestres (Annexes 5 et 6).

Mais comme nous l'avons dit, aucune clause du contrat de prêt n'obligeant les héritiers ou représentants du débiteur à cet égard, ce n'est pas souvent sans de nombreuses difficultés, que les renseignements utiles peuvent être obtenus. Quand le gage comprend des constructions, ce qui est le cas le plus fréquent, nous pouvons faire valoir la nécessité de surveiller l'assurance contre l'incendie, de vérifier si elle est régulièrement établie, ce qu'il est impossible de faire, sans connaître les droits et qualités des nouveaux propriétaires. Si la Société se trouvait, en présence d'un refus, elle serait autorisée à menacer les récalcitrants d'une poursuite en remboursement motivée sur le défaut de justification de l'assurance de l'immeuble, conformément au contrat ou de faire assurer l'immeuble directement au profit du Crédit Foncier ; le débiteur pourrait se trouver exposé au paiement d'une double prime d'assurance dans le cas où il aurait fait assurer lui-même l'immeuble à son nom. Mais quand il s'agit de biens ruraux, nous sommes absolument désarmés. Cette éventualité est moins fréquente et l'intérêt est moindre, puisque le gage ne risque pas d'être compromis. Ce serait seulement lorsque le nouveau débiteur demanderait que les quittances de semestres fussent établies à son nom, que nous pourrions exiger de lui la justification de ses qualités avant de lui donner satisfaction.

En raison de ces difficultés, on devra, afin de faciliter au nouveau débiteur la production des renseignements utiles, en réduire les frais autant que possible, en se contentant d'extraits ou copies sur papier libre des actes établissant les droits ou qualités héréditaires des nouveaux débiteurs ou d'une simple lettre ou note contenant les indications nécessaires ; mais le tout, bien entendu, émanant non des parties elles-mêmes, mais du notaire détenteur des minutes ou chargé du règlement de la succession.

Quand le rédacteur est muni des renseignements utiles sur la dévolution de la succession, il rédige : 1° la lettre portant notification à la Compagnie d'Assurance dans les formes et conditions énoncées plus haut (Annexe n° 18) ; 2° Un avis à la

Comptabilité (Annexe n° 31) faisant connaître les noms, prénoms et domicile du nouveau débiteur au nom duquel doivent être libellées les quittances de semestres; 3° Un avis du débit des frais de la mutation à passer au compte du prêt; (Annexe n° 32) et 4° une lettre à l'intéressé l'avisant de ce débit (Annexe n° 21) et remet le tout avec le dossier au Sous-Chef de Bureau chargé de la vérification.

Mutations par suite d'aliénation du gage.

86. — Le Crédit Foncier a un double intérêt à connaître les mutations résultant d'aliénation de son gage : surveillance de la régularité de l'Assurance contre l'incendie des bâtiments qui en font partie et ensuite précautions contre la prescription édictée en faveur du tiers détenteur par l'article 2180 du Code Civil.

Malgré la clause du contrat de prêt obligeant le débiteur à notifier au Crédit Foncier, dans le mois de sa date, toute aliénation de la totalité ou de partie du gage, sous peine d'exigibilité immédiate de la créance, la Société, pour ces sortes de mutations comme pour celles résultant de décès, est le plus souvent, très insuffisamment renseignée. En effet cette clause reste la plupart du temps ignorée de l'emprunteur et la pénalité, s'il la connaît, lui importe peu, l'obligation de remboursement devant gêner surtout l'acquéreur.

Nous devons donc attendre d'être instruits de la mutation, soit par le vendeur lui-même en vue de se dégager du paiement des semestres d'annuités, soit par le notaire pour obtenir les renseignements nécessaires à la rédaction de son contrat, soit enfin par l'acquéreur pour demander la continuation du prêt. A ce sujet, nous rappellerons ce que nous avons dit précédemment au chapitre relatif aux demandes de renseignements : le rédacteur dans le but de provoquer la révélation d'une transmission quelconque du gage, doit toujours, en répondant à une demande de situation du capital d'un prêt, inviter le correspondant à faire connaître le motif de cette demande.

Le système qui paraîtrait le plus efficace pour tenir le Crédit Foncier au courant des aliénations concernant les gages, serait celui d'une prime allouée aux premiers commis des Conservations d'Hypothèque par chaque révélation de ce genre.

Mais comme il constituerait une dépense assez considérable, il y aurait à voir si cette dépense serait en rapport avec l'importance des risques résultant de l'ignorance où nous laisse le plus souvent l'état actuel et qui jusqu'ici n'a pas, que nous sachions, eu de bien graves conséquences.

Dès que le rédacteur a été informé d'une aliénation de la totalité ou de partie d'un gage, il doit inviter le donateur ou vendeur, ou le nouveau propriétaire, s'il connaît son adresse, à produire à la Société : 1° une copie ou extrait de l'acte d'aliénation, soit en la forme authentique, soit sur papier libre, mais en ce cas délivré par le notaire rédacteur de la minute, contenant, outre les noms, prénoms et domicile des parties, la désignation de l'immeuble, l'origine de propriété en la personne du donateur ou du vendeur, s'il est autre que l'emprunteur, le prix et les clauses relatives à la créance du Crédit Foncier, et 2° une police d'assurance des constructions comprises dans l'aliénation établie au nom du nouveau propriétaire ou un avenant lui transférant le bénéfice de la police en cours. (Lettre, Annexe n° 20.)

Quand la transmission de l'immeuble résulte d'une vente judiciaire on peut demander une copie collationnée.

87. — La régularisation de toutes les mutations par suite d'aliénation du gage, sauf les cas d'exception que nous signalerons au fur et à mesure de l'examen des différentes espèces, comporte, outre la signification à la Compagnie d'assurance, si le gage comprend des constructions, la rédaction d'un acte S. S. P. (Voir formule, Annexes n° 48, 48 *bis* et 48 *ter*.) intervenant à cette occasion entre le Crédit Foncier et le nouveau propriétaire. Cet acte contient l'indication du prêt ou des prêts grevant le gage aliéné, de la consistance de ce gage, de l'inscription ou des inscriptions profitant à la Société, des circonstances, événements ou actes par suite desquels les immeubles hypothéqués sont passés aux mains du détenteur actuel, l'obligation par ce dernier de continuer en cette qualité de tiers détenteur du gage le service des annuités destinées au paiement des intérêts et au remboursement du capital de la créance dans les délais impartis par le contrat originaire, mais sans novation et sous réserve expresse contre l'emprunteur, ses

Conventions S. S. P., par suite d'aliénation du gage.

héritiers ou représentants des effets de l'obligation personnelle et hypothécaire qui continue de les lier envers le Crédit Foncier et enfin l'énonciation du transfert de l'assurance contre l'incendie au nom du nouveau propriétaire et la déclaration par celui-ci de son état civil quant au mariage et aux tutelles.

On doit éviter avec soin, dans la rédaction de cet acte, d'indiquer la somme à laquelle est réduit le capital du prêt et à concurrence de laquelle le nouveau détenteur du gage a pris ce prêt en charge. Cette énonciation équivaudrait, en effet, à une reconnaissance par le Crédit Foncier du paiement du surplus de la dette et motiverait de la part de la Régie, lors de l'enregistrement de l'acte, la perception du droit de libération sur le surplus. Si l'intéressé insistait pour que la somme redue fût indiquée d'une manière précise, ce que ne comporte pas la formule, on l'énoncerait comme *faisant partie* du prêt et non comme *restant due* sur ce prêt.

Cet acte est établi en double par le rédacteur chargé du dossier, quand il est en possession des éléments nécessaires pour le faire, puis remis par lui au visa du Sous-Chef de Bureau chargé de la vérification. Les deux doubles sont ensuite transmis par les soins du rédacteur au notaire du nouveau propriétaire, avec une lettre d'avis (Annexe n° 22) l'invitant à y faire apposer la signature de son client précédée des mots : « Lu et approuvé » et à les retourner ensuite au Crédit Foncier. Ces actes sont après leur retour soumis à la signature du Gouverneur de la Société, puis à la formalité de l'enregistrement nécessaire pour leur donner date certaine, utile au point de vue de la prescription. L'un des doubles est renvoyé au notaire avec une lettre d'avis (Annexe n° 23) l'informant du chiffre des frais dont le compte du prêt est débité à l'occasion de la mutation ainsi régularisée et le priant d'en payer le montant ou d'inviter son client à l'acquitter.

Ces conventions à la suite d'aliénation du gage d'un prêt présentent un double intérêt : elles ont d'abord celui de mettre en relations directes le Crédit Foncier et son nouveau débiteur en affirmant le lien de droit existant déjà entre eux par le fait même de l'acquisition, en vertu des dispositions de l'article 2167 du C. C. qui impose à l'acquéreur d'un immeuble hypothéqué l'obligation de rembourser la créance inscrite sur cet immeuble ; en lui laissant toutefois la faculté de profiter, pour le faire, des termes et délais accordés à son vendeur. Elles ont, en outre, l'avantage de garantir d'une façon expresse le Crédit Foncier contre les effets de la prescription édictée au profit du tiers détenteur par l'article 2180 du même code, dans le cas où le contrat d'acquisition n'aurait pas porté à la connaissance de l'acquéreur l'existence de la dette et de l'inscription qui en garantit le paiement. Elles tiennent lieu, par conséquent, de la notification de la vente à faire au Crédit Foncier par le vendeur ou l'acquéreur à peine d'exigibilité de la dette et d'une notification de sa créance par le Crédit Foncier à l'acquéreur pour éviter la prescription.

Nous allons examiner successivement les divers modes de transmission du gage par suite d'aliénation et indiquer la façon de procéder dans chaque circonstance.

88. — Quand l'aliénation du gage résulte d'une donation entre vifs, il y a lieu de distinguer si la donation est faite à un étranger ou à un successible et si elle est faite avec ou sans réserve d'usufruit au profit du donateur. *Donations entre vifs.*

89. — La donation au profit d'un non successible sans réserve d'usufruit se régularise au moyen de la signature des conventions sous signatures privées, dans la forme indiquée ci-dessus intervenant entre le Crédit Foncier et le donataire et de la notification de la dette par lettre missive à la Compagnie d'assurance après justification par le donataire du transfert de l'assurance à son nom et, enfin, par un avis à la Comptabilité à l'effet d'opérer le transfert du prêt sur les registres au nom du même donataire et de libeller également à son nom les quittances de semestre.

90. — Quand la donation est faite au profit d'un successible, il y a lieu de distinguer si le donateur est ou non décédé au moment où la mutation est révélée au Crédit Foncier.

91. — Si le donateur est décédé laissant le donataire son héritier, celui-ci continuant la personne du défunt et se trou-

vant obligé en cette qualité au paiement de la dette, l'affaire sera traitée comme une mutation par suite de décès.

92. — Si, au contraire le donateur est vivant, on devra, sans négliger les formalités relatives à l'assurance contre l'incendie, faire signer au donataire les conventions par acte sous seing privé destinées à arrêter contre lui la prescription qui court à son profit et à préciser ses obligations envers la Société, comme dans le cas d'une donation au profit d'un étranger ou d'un non successible.

93. — Quand la donation est faite à plusieurs personnes chargées conjointement par le donateur d'acquitter le prêt, la régularisation s'opère de la même façon à cette différence près que l'acte de continuation est signé par tous les donataires qui s'obligent conjointement au paiement de la dette indivisible entre eux et que l'assurance doit être établie collectivement à leurs noms.

94. — Si la donation contient partage avec attribution de la totalité du gage à un ou plusieurs des donataires chargés seuls du paiement du prêt, les conventions relatives à la continuation du prêt interviennent avec celui ou ceux des donataires chargés de la dette et aux noms desquels doit être aussi établie la police d'assurance.

95. — Si la donation a eu lieu sous réserve d'usufruit, la police d'assurance doit être, sous peine de déchéance, établie au nom du nu-propriétaire et à celui de l'usufruitier. Les formalités de régularisation se réduisent, à la notification à la Compagnie d'assurance, dans la forme indiquée ci-dessus et à la signature par le ou les donataires d'un acte sous seings privés portant simplement reconnaissance de l'hypothèque du Crédit Foncier sur l'immeuble objet de la donation, reconnaissance qui a pour but d'arrêter contre lesdits donataires le cours de la prescription; il n'y a pas lieu, en

l'espèce, à la rédaction des conventions habituelles admettant à la continuation du prêt. La signature du Crédit Foncier sur un acte en cette dernière forme équivaudrait, en effet, à une acceptation du démembrement de la propriété de son gage et le mettrait dans l'impossibilité de s'opposer à la vente de la nue-propriété séparément de l'usufruit, sur la poursuite d'un tiers contre le donateur, c'est-à-dire à une dépréciation notable de son gage. (Nous donnons plus loin, § 99, la formule de cet acte de reconnaissance d'hypothèque.)

96. — Dans tous les cas où le donataire ne peut être admis à la continuation du prêt bien qu'il soit chargé du paiement des semestres, ce qui a lieu quand il y a réserve d'usufruit au profit du donateur ou quand la donation ne comprend qu'une partie du gage, l'avis à la Comptabilité ne doit ordonner ni le transfert du prêt ni l'établissement des quittances au nom du donataire, mais seulement indiquer que, par suite de donation faite à ce dernier, soit de la nue-propriété, soit d'une partie du gage, avec charge d'acquitter le prêt, on devra, tout en continuant de libeller les quittances au nom du titulaire actuel, indiquer, lors des versements faits par le donataire, si celui-ci en fait la demande, que le paiement est effectué par lui en sa dite qualité, de ses deniers personnels, en l'acquit dudit titulaire.

97. — La régularisation des mutations à la suite de ventes amiables ou judiciaires donne lieu à de nombreuses distinctions en ce qui concerne la forme à adopter dans les diverses espèces. **Mutations à la suite de vente.**

Il est toutefois une mesure conservatoire commune à toutes, quelle que soit d'ailleurs la suite à donner à l'affaire : c'est celle relative à l'assurance contre l'incendie dont il importe de se préoccuper d'abord afin de garantir à la Société le droit à l'indemnité due en cas d'incendie du gage. Le rédacteur averti d'une vente, quelle que soit la forme dans laquelle elle a eu lieu, devra donc demander immédiatement à l'acquéreur ou au vendeur la production d'une copie ou extrait de l'acte ou jugement la constatant et une police d'assurance au nom du nouveau propriétaire et notifier à la Compagnie l'existence du prêt du Crédit Foncier sur l'immeuble assuré.

98. — Quant à la continuation du prêt au profit de l'acquéreur, le principe qui domine cette question est celui-ci : la continuation d'un prêt ne saurait avoir lieu en la forme d'un acte sous signatures privées, quand la purge des hypothèques résulte d'une vente sur saisie, d'une vente après faillite, ou d'une vente quelconque suivie de notifications.

En effet, la créance est devenue exigible et le titre originaire, bien que restant exécutoire contre le débiteur à raison de l'obligation personnelle par laquelle il continue d'être tenu, ne l'est point contre le nouveau détenteur de l'immeuble hypothéqué. Si ce dernier demande à se libérer par annuités, sa demande doit être instruite comme une nouvelle demande d'emprunt : le Conseil d'Administration doit être appelé à se prononcer sur le chiffre, le taux d'intérêt et les conditions du prêt, après un rapport d'expertise; les conventions à intervenir sont, après la clôture de l'ordre et la collocation de la Société, rédigées par acte authentique, soit dans la forme d'une continuation du prêt antérieur avec constitution d'une nouvelle hypothèque, soit dans la forme d'un nouveau prêt destiné à rembourser le précédent en payant le montant de la collocation du Crédit Foncier. La rédaction de l'acte est du ressort du service des *actes de prêts* auquel le dossier doit être renvoyé après la décision du Conseil.

On devrait procéder de la même façon si le vendeur, tenant à être dégagé de la dette, avait obtenu du Crédit Foncier le désistement de son action personnelle. Un engagement personnel de l'acquéreur au paiement de la créance s'imposerait avec une nouvelle affectation hypothécaire de l'immeuble en premier rang. (Voir ci-dessus § 71.)

S'il s'agit de ventes judiciaires autres que celle sur saisie ou après faillite suivie de l'union des créanciers, on devra pour chaque espèce, d'examiner la convenance de continuer ou non par acte sous signatures privées. (Voir sur cette question la savante consultation de M° Josseau, Annexe n° 50.)

Il est d'autres cas dans lesquels, bien que l'hypothèque ne

soit pas purgée ni la créance exigible, la continuation du prêt ne peut avoir lieu en cette forme ; ce sont les suivants :

1° Quand la vente ne comprend qu'une partie du gage d'une valeur insuffisante pour garantir à elle seule la créance et qu'il n'a pas été demandé de division du prêt ou de dégrèvement du surplus ayant eu pour résultat un remboursement partiel ramenant la créance dans des conditions statutaires ;

2° Quand la vente est faite sous réserve d'usufruit au profit du vendeur ou d'une tierce personne ;

3° Quand la vente est faite au profit de plusieurs personnes ayant acquis chacune une partie distincte du gage et que la division de l'hypothèque n'a pas été autorisée.

Les motifs qui rendent impossible la continuation du prêt par acte sous seing privé, dans ces divers cas, sont les mêmes que ceux exposés ci-dessus au chapitre des donations entre vifs (§ 95 et 96) auquel nous renvoyons tant à cet égard que pour la forme à donner à l'avis à adresser à la Comptabilité pour le libellé des quittances de semestres.

Reconnaissance d'hypothèque.

99. — On devra, dans ces circonstances, exiger des acquéreurs la signature d'un acte sous seing privé portant reconnaissance de l'hypothèque de la Société sur les immeubles acquis par eux et cet acte devra être soumis à la formalité de l'enregistrement pour avoir date certaine.

La formule adoptée pour la rédaction de cet acte dont il n'existe pas de formule imprimée, est la suivante :

« Le soussigné.....
« Acquéreur, suivant acte passé devant M°..... notaire,
« le..... transcrit au Bureau des Hypothèques de
« ....., le ..... Vol...... N°....., d'une propriété
« sise à ....., déclare qu'il est à sa connaissance,
« bien que le contrat susénoncé n'en fasse pas mention, que
« cette propriété est grevée d'une inscription prise au Bureau
« des Hypothèques de ....., le ..... Vol. ..... N° .....
« au profit du Crédit Foncier de France contre M. ....
« pour sureté d'une somme de ..... montant

« d'un prêt consenti à ce dernier, aux termes de deux actes
« reçus par M⁰ ..... les ......

« En conséquence, il déclare dispenser expressément le
« Crédit Foncier de faire toute notifications ou assignations
« quelconque pour interrompre la prescription édictée par
« l'article 2180 du C. C.; voulant et entendant que les présentes
« soient l'équivalent d'une reconnaissance judiciaire de
« l'existence de la dette susénoncée et de l'hypothèque qui
« la conserve et en tienne lieu.

« Fait à ....., le ......

(Légalisation de la Signature.)

100. — Il n'y a pas lieu non plus à la rédaction des conventions admettant l'acquéreur à la continuation du prêt quand cet acquéreur est un colicitant : celui-ci, par suite de la fiction établie par l'article 883 du Code Civil, étant censé avoir succédé seul et immédiatement à la propriété de l'immeuble formant le gage de la dette et continuant ainsi la personne du débiteur défunt, un engagement spécial et exprès de sa part serait superflu. La mutation sera alors traitée comme une simple mutation par décès.

Dans toutes les circonstances autres que les exceptions indiquées ci-dessus, on établira, par acte sous seing privé en la forme ordinaire les conventions relatives à la continuation du prêt par l'acquéreur (Annexes nᵒˢ 48, 48 *bis* et 48 *ter*).

101. — Quand la continuation du prêt a lieu au profit de divers acquéreurs de fractions d'un gage entre lesquels le prêt a été divisé, soit avant soit après la vente, il est établi un acte spécial pour chaque acquéreur d'une portion du gage divisé et il est envoyé à la Comptabilité un avis spécial pour chaque fraction du prêt à l'effet de faire ouvrir un compte particulier à son titulaire.

102. — Pour toutes les mutations par suite de décès et pour toutes celles résultant d'une aliénation du gage, mais à

l'occasion desquelles il ne doit pas être dressé d'acte de continuation de prêt sous seings privés pour l'un des motifs expliqués ci-dessus, il est établi sur une feuille spéciale (Annexe n° 49) une notice signée du Chef ou du Sous-Chef de Bureau à la vérification duquel l'affaire a été soumise et relatant tous les faits, actes et justifications établissant la transmission du gage et les noms et qualités des nouveaux propriétaires et de tous les débiteurs actuels du prêt.

Quand la mutation est régularisée, le rédacteur classe sous une cote ou chemise spéciale toutes les pièces relatives à cette mutation, avenant ou police d'assurance contre l'incendie, correspondance, pièces justificatives des qualités, l'acte de continuation de prêt sous seing privé ou l'acte de reconnaissance d'hypothèque et la notice dont il est question.

103. — Les frais occasionnés par les mutations, frais dont le débit est passé au compte du prêt au moyen d'avis adressé à cet effet par le rédacteur à la Comptabilité (Formule, Annexe n° 32), sont taxés, quant à présent du moins, ainsi qu'il suit :

1° Mutations par décès ou mutations par suite d'aliénations ne donnant pas lieu à la rédaction des conventions sous seing privé.

Notification (Produit des assurances) . .	5 fr.	»
Rédaction (travaux supplémentaires) . .	3	»
Port et correspondance (P. et P.)	0	55
Total . . .	8 fr.	55

S'il y a reconnaissance d'hypothèque, il est alloué 4 francs pour la rédaction au lieu de 3 francs.

2° Mutations par suite d'aliénations donnant lieu à la rédaction des conventions sous signatures privées.

Notification (Produit des assurances) . . .	5 fr.	»
Rédaction (travaux supplémentaires) . . .	4	»
Enregistrement 3 fr. 75 } (profits et pertes)	7	35
Timbre 3 » 60		
Port et correspondance	1	15
Total . . .	17 fr.	50

7

Dans l'une et l'autre catégories, si l'immeuble hypothéqué est assuré à plusieurs Compagnies, on ajoute comme frais de rédaction 5 francs en plus par chaque Compagnie dont 4 fr. à l'article « Produit des assurances » et 1 franc à l'article « Frais de rédaction ». Quand il y a plus de trois prêts dans la même affaire on augmente les frais de rédaction d'un franc.

104. — La rédaction des mutations est considérée comme travail supplémentaire pour tout ce qui excède 5 régularisations par mois pour chaque rédacteur et il est alloué à chacun, à raison de ces travaux, sur cet excédent, la somme débitée pour frais de rédaction soit 3 francs pour les mutations autres que celles donnant lieu à des conventions sous seings privés et 4 francs pour celles de cette dernière catégorie, plus le franc de supplément par chaque Compagnie d'assurance en plus de la première, quand il y a lieu à plusieurs notifications, ou plus de 3 prêts.

Le 18 de chaque mois le rédacteur remet au Sous-Chef de Bureau chargé d'établir la feuille d'ordonnancement des travaux supplémentaires le relevé des mutations régularisées par lui dans le mois écoulé, afin d'obtenir le paiement des allocations auxquelles il peut avoir droit, après déduction des cinq mutations à régulariser gratuitement par mois lesquelles à défaut de règlement dans un mois sont reportées pour être déduites sur le travail du mois suivant.

Le rédacteur par les soins duquel une mutation a été régularisée, doit, après en avoir donné avis à la Comptabilité et avant de renvoyer son dossier, pour être reclassé au Bureau central, en faire mention sur la première page du cahier des rapports dans le cadre établi à cet effet.

CHAPITRE IX.

Prêts à court terme. — Prêts en participation avec le Crédit Foncier et Agricole d'Algérie. — Prêts de la Banque Hypothécaire de France. — Prêts aux propriétaires de bâtiments détruits par les tremblements de terre de 1887.

Les instructions qui précèdent établies spécialement en vue des prêts à long terme consentis par le Crédit Foncier de France, sont néanmoins applicables dans la plupart des cas aux autres catégories de prêts hypothécaires intéressant la Société, qui sont :

1° Les prêts à court terme ;

2° Les prêts en participation avec le Crédit Foncier et Agricole d'Algérie ;

3° Les prêts faits par la Banque Hypothécaire de France ou par le Crédit Foncier au nom de la liquidation de cette Société dissoute et comme chargé de cette liquidation ;

4° Et les prêts faits par le Crédit Foncier avec la garantie de l'État aux propriétaires de bâtiments détruits ou endommagés par le tremblement de terre de 1887.

Chacune de ces catégories de prêts présente des particularités que nous allons rappeler et que le rédacteur chargé d'un dossier de cette nature ne devra pas perdre de vue.

Prêts à court terme.

105. — Les prêts à court terme sont remboursables en totalité avec ou sans amortissement et le plus souvent dans cette dernière forme, dans un délai de dix ans au plus, avec prohibition de remboursement anticipé.

Il est d'usage toutefois d'en accepter le remboursement par anticipation mais seulement à la condition du paiement, par le débiteur qui veut se libérer, d'une indemnité de 0 fr. 60 0/0 par an calculée sur la somme dont le remboursement est offert et sur le temps restant à courir de la durée pour laquelle le prêt avait été consenti, indemnité qui représente le bénéfice que la Société eut retiré du prêt s'il eut continué jusqu'à l'époque fixée par le contrat.

Dans toute demande d'application d'une somme versée en remboursement total ou partiel de l'un de ces prêts, le rédacteur doit signaler qu'il y a lieu de faire figurer cette indemnité au débit du compte.

Cependant si le taux d'intérêt du prêt à court terme dont on demande à faire le remboursement par anticipation était supérieur au taux en vigueur au moment de la demande, il y aurait lieu d'en référer à M. le Chef de Division avant d'accepter ce remboursement.

Les inscriptions prises à raison de ces prêts se périment par dix ans, conformément au droit commun.

Prêts en participation avec le Crédit Foncier et Agricole d'Algérie.

106. — En ce qui concerne les prêts faits en participation par le Crédit Foncier de France et le Crédit Foncier et Agricole d'Algérie en conformité du décret du 28 février 1852 et des 11 janvier et 10 mars 1860, il y a lieu de remarquer que le taux d'intérêt de ces prêts et les frais d'administration stipulés quelquefois en sus de cet intérêt, sont variables et qu'il est prudent, pour éviter des erreurs, de les rappeler dans toute demande d'application d'une somme versée à valoir sur la créance,

Toutes les demandes tendant à une modification quelconque du gage ou des conditions du prêt sont instruites d'abord par le Crédit Foncier et Agricole d'Algérie qui transmet au Crédit Foncier de France le dossier de l'affaire en indiquant les termes de la décision à soumettre à l'approbation de cette dernière Société.

Il est procédé pour la présentation de ces affaires au Conseil d'administration comme pour les prêts sans participation, avec ou sans avis préalable du service des Prêts Hypothécaires suivant les cas.

Aussitôt la décision rendue, le rédacteur en donnera avis à la Société du Crédit Foncier et Agricole d'Algérie et, si elle est conforme à celle de cette dernière Société, il fait établir la procuration nécessaire et la transmet à ladite Société.

Si la décision est subordonnée à une condition de remboursement, d'affectation hypothécaire ou autre, le rédacteur a soin de la rappeler dans sa lettre d'envoi en invitant la Société correspondante à ne remettre cette procuration au client ou à son notaire qu'après l'accomplissement de cette condition.

Si au contraire la décision prise par le Crédit Foncier et Agricole d'Algérie n'est pas ratifiée, le rédacteur se bornera à en donner avis et attendra qu'on se soit mis d'accord sur la suite à donner à l'affaire.

Il est donné avis au Président du Conseil d'administration de ladite Société à Paris, de toutes les décisions prises par le Conseil d'administration du Crédit Foncier de France dans les affaires intéressant les deux Sociétés.

Les remboursements sur ces prêts sont effectués le plus ordinairement dans les succursales d'Algérie ; le Crédit Foncier de France en est informé soit par un avis spécial soit par l'envoi du rapport du Crédit Foncier et Agricole d'Algérie autorisant la mainlevée définitive après remboursement total. Ainsi avisé du paiement, le rédacteur demande l'application de la somme versée. Quand le décompte et la quittance administrative lui sont parvenus, il les transmet à l'Administrateur délégué à Alger, en l'invitant, si la somme versée n'est pas exactement celle quittancée, à réclamer au client la différence en moins ou à lui remettre l'excédent. Si la mainlevée a été autorisée par le Crédit Foncier et Agricole d'Algérie par suite de remboursement total, il y aura lieu de la faire autoriser également par le Conseil d'administration du Crédit Foncier de France et de n'envoyer la quittance qu'après cette décision en même temps que la procuration à l'effet de dresser l'acte de mainlevée et les grosses du prêt.

On doit éviter, dans la rédaction de cette procuration et généralement de tous actes passés en France et concernant les prêts en participation, d'énoncer les actes constitutifs de ces prêts. Ces actes n'ayant été enregistrés qu'en Algérie et au droit réduit, l'énonciation qui en serait faite serait passible d'un relèvement de droits.

On pourra procéder inversement, c'est-à-dire faire l'encaissement au Crédit Foncier de France, en donnant ensuite avis au Crédit Foncier et Agricole d'Algérie, si le débiteur demandait à faire son versement à Paris. Toutefois, dans cette dernière hypothèse, il serait prudent de ne pas délivrer immédiatement de quittance définitive ni surtout de faire autoriser et consentir la mainlevée de l'inscription sans un avis à ce sujet du Crédit Foncier d'Algérie qui pourrait avoir des frais à réclamer en sus du principal et des intérêts de la créance.

Quand les remboursements anticipés sont effectués dans l'une des succursales d'Algérie autre que celle d'Alger il est perçu 1/4 0/0 à titre d'indemnité de transport de fonds.

Prêts de la Banque Hypothécaire de France et de la liquidation de la Société.

107. — Les prêts faits par la Banque Hypothécaire de France actuellement dissoute et dont le Crédit Foncier a été nommé liquidateur par décision de l'Assemblée Générale de cette Société du 20 juin 1882 approuvée par décret du 26 juillet suivant, et ceux faits par le Crédit Foncier en cette qualité pour le compte de la liquidation de ladite Société n'ont pas, comme les prêts du Crédit Foncier de France à long terme, le bénéfice de la législation spéciale applicable à ces derniers et sont, par suite, soumis au droit commun.

Il y a lieu de tenir compte de cette situation dans la rédaction des décisions portant mainlevée totale ou partielle des inscriptions existant à raison de ces prêts et dans les procurations, quittances et mainlevées à dresser en exécution de ces décisions et d'y rappeler les inscriptions prises en renouvellement, comme aussi de signaler au service compétent les inscriptions dont le renouvellement à bref délai s'impose.

D'autre part, en cas de remboursement de l'un de ces prêts, On devra examiner quelle est l'importance de l'indemnité (dont le chiffre n'est pas le même dans tous les contrats), imposée à l'emprunteur pour le cas de remboursement anticipé, et en donner avis à la Comptabilité en faisant la demande d'application.

Prêts à la suite du tremblement de terre du 23 février 1888.

108. — Les prêts consentis par le Crédit Foncier de France en vertu de la loi du 28 juillet 1887, aux propriétaires d'immeubles situés dans le Département des Alpes-Maritimes pour la reconstruction et la réparation des bâtiments détruits ou endommagés par le tremblement de terre du 23 février 1887 jouissent du bénéfice de la législation spéciale aux prêts à long

terme du Crédit Foncier pour la purge des hypothèques légales des femmes, des mineurs et interdits, pour le séquestre et l'expropriation, et de la dispense du renouvellement décennal des inscriptions. La charge de l'indemnité de 0 fr. 50 0/0 en cas de remboursement anticipé leur est aussi applicable.

Les particularités que présente cette catégorie de prêts sont notamment les suivantes :

Contrairement aux autres prêts de la Société qui donnent lieu à la rédaction d'abord d'un contrat conditionnel et ensuite d'un acte de réalisation dressé seulement après vérification de la situation hypothécaire du gage et qui constate la remise des fonds à l'emprunteur, pour les prêts après tremblement de terre, il n'est établi qu'un seul acte contenant les conditions du prêt et constatant la remise à l'intéressé de la somme prêtée. Il n'y avait pas lieu, en effet, de se préoccuper de la situation hypothécaire dès lors que l'État est obligé directement au remboursement des 3/5 de la somme prêtée et garant du remboursement des 2/5 de surplus dont le paiement est laissé à la charge du bénéficiaire du prêt.

Les intérêts sont fixés à 4 fr. 75 0/0, taux usité pour cette catégorie de prêts seulement.

Le remboursement a lieu par annuités comprenant l'intérêt un taux sus indiqué et la somme nécessaire à l'amortissement dans le délai de 40 ans à compter du 1er septembre 1892, les débiteurs ayant à servir seulement l'intérêt à 4 fr. 75 0/0 du jour du contrat à cette dernière date.

Les échéances sont fixées au 26 février et au 31 août.

A raison de la garantie promise par l'État et pour n'en pas compromettre le bénéfice, le Crédit Foncier doit pendant toute la durée d'un prêt de cette nature, éviter de consentir aucun dégrèvement de partie des immeubles hypothéqués ni aucune division, restriction ou limitation de l'hypothèque prise à la sûreté de ce prêt, ni enfin aucune modification pouvant être considérée comme une diminution du gage. L'État pourrait, en effet, arguer de cette diminution acceptée par la Société pour se soustraire à l'action en garantie du paiement des 2/5 du prêt, si le Crédit Foncier venait à y faire appel à défaut de paiement de ses annuités par le propriétaire débiteur.

L'Etat n'ayant de recours contre le propriétaire débiteur du prêt que s'il est fait appel à sa garantie pour les 2/5 à la charge de celui-ci, la grosse de l'acte d'emprunt pourra être remise à ce dernier, après qu'il aura opéré de ses deniers, le remboursement de cette fraction du prêt. Il y aura donc lieu de vérifier avant cette remise si des semestres d'annuités antérieurs n'ont point été acquittés par l'État.

CHAPITRE X.

CONSIDÉRATIONS GÉNÉRALES

109. — En raison de la nature même des affaires dont il a la charge, le contentieux amiable des prêts, il ne faut pas se le dissimuler, et c'est le côté ingrat de ce service, n'est, dans l'ensemble des forces qui travaillent à la prospérité du Crédit Foncier qu'une valeur purement négative, une charge sans résultat compensateur, un rouage nécessaire, indispensable même au bon fonctionnement de la machine administrative, mais qui n'augmente en rien la force de production.

Mais pour cela même qu'il ne lui est pas donné de pouvoir apporter la moindre pierre à l'édifice, le personnel de ce service doit s'appliquer à éviter qu'aucune n'en puisse être détachée par quelque négligence, par quelque erreur ou fausse manœuvre provenant de son fait.

A cet effet, la plus grande courtoisie, l'esprit de conciliation le plus large, doivent présider aux relations de ce service, tant avec les débiteurs intéressés qu'avec les notaires chargés la plupart du temps de traiter les affaires de ceux-ci et qui, surtout pour la province, peuvent à leur gré éloigner leurs clients du Crédit Foncier ou les y amener, suivant qu'ils auront à se louer de leurs relations avec lui ou à se plaindre de retards inexplicables ou d'inutiles exigences.

Le personnel du service du Contentieux doit donc s'appliquer à donner, dans la mesure du possible et aussi promptement que cela peut se faire, avec les complications nécessaires inhérentes à une importante administration, à toute demande dont l'étude lui est soumise, la solution désirée, tant qu'elle n'est pas en opposition avec les intérêts de la Société.

ANNEXE

Description et énumération des imprimés, lettres et formules diverses en usage dans le 6ᵉ Bureau et réunis en une brochure distincte formant ANNEXE au présent traité.

	NUMÉROS.
Cadre de Répertoire général	1
— — des dégrèvements, divisions, etc.	2
— — des mutations	3
Lettres-réponse provisoire à demande de situation d'un prêt. .	4
Lettres-réponse provisoire à demande de situation d'un prêt pour succession.	5
Lettres-réponse définitive	6
— accusé de réception à demande de remboursement à faire à la caisse du Crédit Foncier	7
— par prélèvement sur compte courant	8
— à demande de décompte	9
Envoi de décompte au client.	10
— — au Trésorier général	11
Envoi de quittance administrative au client ou au notaire. . .	12
— — — au Trésorier	13
Accusé de réception de demande de mainlevée définitive. . . .	14
— — — d'envoi de fonds avec demande de mainlevée.	14 bis.
— — — de dégrèvement, division, etc.	15
Avis de décision autorisant mainlevée définitive.	16
Envoi de procuration pour mainlevée définitive.	17
— — — partielle	17 bis.
Notification à Compagnie d'assurance.	18
Réclamation de renseignements pour mutations.	..
— — après décès	19
— — après vente.	20
Lettre avisant de débit de frais de mutation (sans convention s. s. p.).	21
Envoi de conventions s. s. p. avant signature	22
— — — après régularisation.	23

Avis à la Caisse autorisant versement	24
— à talon pour transmission de dossiers ou réclamation à un autre service	25
— à la Comptabilité, demande de situation	26
— — demande de décompte ou d'application.	27
Copie de décompte de remboursement partiel.	28
— — de remboursement définitif	29
Avis à la Comptabilité, de division.	30
— — de mutation	31
— — de débit de mutation	32
Rapports au Conseil d'administration sur demande de mainlevée définitive.	33
Rapports au Conseil d'administration sur demande de restriction à capital dû.	34
Ordre du jour sur demande d'autorisation de mainlevée définitive.	35
Ordre du jour sur demande d'autorisation de dégrèvement, division, etc.	36
Demande d'extrait de décision du Conseil d'administration. . .	37
Décisions du Conseil d'administration sur mainlevée définitive.	38
— — sur restriction à capital dû	39
— — sur limitation d'hypothèque.	40
— — dégrèvement sans condition.	41
— — dégrèvement avec condition de versement. . .	42
— — translation d'hypothèque.	43
— — division d'hypothèque. .	44
Cadre de rapport sur affaire à soumettre au Conseil.	45
Décharge de pièces	46
Acte de division de prêt	47
Convention s. s. p. de continuation de prêt	48-48 *bis*, 48 *ter*.
Consultation de M⁰ Josseau sur les continuations de prêts. . . .	49
Notice après mutation	50

TABLE DES MATIÈRES

PAGES.		NUMÉROS DES PARAGRAPHES.	DE L'ANNEXE.
72	Action personnelle (désistement d'). Rapport, Ordre du jour, Décision.	68	»
72	— Dégagement d'un débiteur solidaire. . .	69	»
73	— — d'un ou plusieurs héritiers de l'emprunteur.	70	»
73	— Dégagement de l'emprunteur lui-même.	71	»
76	— — d'un ou de plusieurs membres d'une Société en nom collectif. .	72	»
76	— Cas d'un acquéreur étranger à la Société ou d'une Société anonyme.	73	»
77	— Formule de l'acte de désistement. . . .	74	»
5	Affaires ressortissant au service du Contentieux amiable des prêts	1-2	»
81	Antériorité (désistement d'), rapport, ordre du jour, décision.	76	45
82	Antériorité par suite de mainlevée définitive.	77-80	»
82	— par suite de mainlevée partielle .	78	»
82	— par suite de mainlevée définitive par l'un seulement de plusieurs créanciers cédants	79	»
25 et 32	Application de somme versée en remboursement d'un prêt	24-25-26 27-28-29	27
84	Assurance contre l'incendie, notification aux Compagnies d'assurance par suite de mutation.	82-83	18
84	Vérification des polices et avenants d'assurance..	83	»
86	Attestation pour déclaration de succession . .	85	5 et 6
25	Avis à la Caisse, autorisation de versement sur un prêt.	24	24
	Avis à la Comptabilité :		
24 et 26	— d'application de paiement à la Caisse ou en province sans avis préalable, de paiement en province à jour fixé. . .	23-25	27
15	— de demande de renseignements sur situation du prêt.	11	26

— 110 —

PAGES.		NUMÉROS DES PARAGRAPHES.	DE L'ANNEXE.
	Avis de décompte en vue de remboursement projeté :		27
24	— à la Caisse	23	27
27	— à une Trésorerie ou Recette particulière.	25	27
70	— de division de prêt (officieux)	66	30
71	Avis de division de prêt (officiel)	67	30
86-93-95	— de mutation.	84-96-98	31
97	— de débit de mutation	103	32
51-64	Avis au débiteur ou au notaire correspondant de décision du Conseil d'administration . .	45-60	15
5	Compétence du Service du Contentieux amiable des prêts.	1-2	»
105	Considérations générales sur le service. . . .	109	»
62	Constructions édifiées depuis l'emprunt par un acquéreur ou un locataire.	58	»
65	Constructions édifiées après dégrèvement en raison d'insuffisance de revenu.	62	»
84 à 98	Continuation de prêts (voir mutations) . . .	81 à 104	»
7	Courrier (Inscription et distribution du) . . .	4	»
10	— Réponses aux lettres reçues	8	»
64	Décisions du Conseil d'administration (préparation des)	60	38 à 45
64	— Avis aux correspondants et exécution des conditions imposées.	60	»
32	Décharge de prêt différé par suite de remboursement total du prêt.	30	»
35	Décharge de pièces.	35	46
56	Dégrèvements. Étude de la demande. Qui peut la faire ? Demandes à écarter.	56	16
59	— Rapport à transmettre aux prêts hypothécaires . . .	57	45
61	— Rédaction des propositions à soumettre au Conseil. . .	58	»
63	— Rédaction de l'ordre du jour.	59	36
64	— — de la décision . .	60	41-42
64	— Avis au Correspondant de la décision prise et des conditions imposées	60	»
65	— Mainlevée à la suite de dégrèvement.	61	»
65	— Sous condition de dépôt en garantie par suite d'insuffisance momentanée des revenus.	62	»
72 à 77	Désistement d'action personnelle (Voir : Action personnelle).	68-74-98	»
81-82	Désistement d'antériorité. (Voir : Antériorité).	76 à 80	»
6	Direction. Organisation du Service du Contentieux amiable des prêts.	3	»

			NUMÉROS	
			DES	DE
PAGES.			PARAGRAPHES.	L'ANNEXE.
69	Division de prêts. Étude de la demande. Qui peut la faire?.....		64	»
70	—	Rapport. Ordre du jour. Décision.......	65	»
70	—	Rédaction de l'acte de division.........	66	30-47
71	Division de prêts. Avis à la Comptabilité...		67	30
9-11	Dossiers. Mise en possession et étude des dossiers............		4-5-9	»
14	—	Renvoi des dossiers au bureau central ou à un autre service....	10	»
9-10	—	Répertoires et table alphabétique des dossiers.........	6-7	1-2-3
5	Indemnité d'incendie. Règlement non suivi de remboursement total ou partiel......		1	»
29	—	Règlement suivi de remboursement total ou partiel.......	29	»
7	Lettres. Inscription et distribution du courrier.		4	»
10	—	Réponses aux lettres........	8	6 à 17 bis.
67	Limitation d'hypothèque. Conditions dans lesquelles elle peut avoir lieu........		63	40
49	Mainlevée sans constatation de payement, définitive............		42	14-15
50	—	partielle (restriction à capital dû).	44	34 à 39
50	—	Rapport. Ordre du jour. Décision..	45	33 à 38
51	—	le notaire ayant sa résidence à Paris.	45	»
65	—	en conséquence de dégrèvement..	61	16
49	—	après expropriation pour cause d'utilité publique........	43	»
51 à 54	—	Procuration pour mainlevée (voir le mot Procurations).......	46 à 53	17-17 bis.
55	—	Vérification utile avant signature d'une mainlevée........	55	»
84	Mutations. Des différentes espèces de mutations............		81	»
84	—	Notifications aux Compagnies d'assurance............	82	18
84	—	Examen des polices.......	83	»
86	—	Avis à la Comptabilité.....	84	31-32
88	—	Avis du débit des frais, aux parties.............	85	21
86	Mutations	après décès..........	85	18-19-31-32
88	Mutations	par suite d'aliénation du gage.	86	20
89	—	Convention s. s. p. de continuation de prêt.........	87	48-48 bis, 48 ter.
90	—	envoi pour la signature et renvoi après régularisation......	87	22-23
91	—	par suite de donations entre vifs.	88 à 96	»

— 112 —

PAGES.		NUMÉROS DES PARAGRAPHES.	NUMÉROS DE L'ANNEXE.
	Mutations par donations entre vifs (*suite*).		
91	— au profit d'un étranger sans réserve d'usufruit.	89	»
91	—. au profit d'un successible.	90	»
91	— Donateur décédé.	91	»
92	— Donateur vivant.	92	»
92	— Plusieurs donataires chargés conjointement de la dette.	93	»
92	— Un ou plusieurs attributaires chargés seuls du prêt.	94	»
92	— avec réserve d'usufruit.	95	»
86	— Avis à la Comptabilité quand le donataire continue le prêt.	84	31
93	— Avis à la Comptabilité quand le donataire ne peut continuer le prêt.	96	»
93	Mutations par suite de vente du gage. Conventions par acte s. s. p.	97	48-48 *bis*, 48 *ter*.
94	— Cas dans lesquels la mutation ne peut avoir lieu par acte s. s. p.	98	»
95	— Reconnaissance d'hypothèque à défaut d'acte s. s. p. — Formule.	99	»
96	— Acquisition par un colicitant.	100	»
96	— Continuation par divers acquéreurs après division.	101	»
97	— Débit des frais de mutation.	103	32
98	— Rémunération du rédacteur.	104	»
96	Notice sur mutation.	102	49
84	Notifications à Compagnie d'assurance (Voir : Assurance contre l'incendie. Mutations).	82-83	18
6	Organisation, Direction du Service du Contentieux amiables des prêts.	3	»
7	Ordre (Service d').	4	»
63	Ordre du jour accompagnant les rapports à soumettre au Conseil d'administration.	59	35-36
6	Plan de l'ouvrage.	2	»
6	Prêt différé. Retrait de prêt différé.	1	»
31	— Emploi du prêt différé au remboursement total ou partiel.	30	»
99	Prêts à court terme.	105	»
100	— en participation avec le Crédit Foncier et Agricole d'Algérie.	106	»
102	— de la Banque Hypothécaire de France.	107	»
102	— à la suite des tremblements de terre de 1887.	108	»
51	Procurations pour quittance et mainlevée.	46	»
52	— pour reconnaître un paiement effectué.	47	»

PAGES.		NUMÉROS DES PARAGRAPHES.	DE L'ANNEXE.
	Procurations pour recevoir et quittancer le le remboursement à faire :		
	Par un tiers ayant droit à la		
52	subrogation légale.	48	»
53	— Par le débiteur, au moyen de deniers emprunté avec obligation d'emploi	49	»
53	— d'une fraction de prêt divisé. .	50	»
54	— pour consentir mainlevée seulement sans constatation de paiement.	51	»
54	— quand le notaire ne peut instrumenter dans la résidence du Trésorier général ou du Receveur particulier mandataire du Crédit Foncier. . .	52	»
54	— Envoi des procurations. Surveillance de leur emploi . . .	53	17-17 *bis*.
35	Quittances consécutives aux remboursements de prêts.	36	»
35	— Examen des actes ou projets, quand la quittance est dressée par un notaire de Paris.	36	»
38	— Quittance pour solde à l'emprunteur ou à ses héritiers avec mainlevée définitive. Après remboursement anticipé. Après amortissement	37	»
40	— à l'acquéreur d'un immeuble hypothéqué dont le prix est délégué au Crédit Foncier	38	»
44	— à un acquéreur payant en vue de la subrogation.	39	»
45	— à un débiteur payant au moyen de deniers empruntés avec déclaration d'origine.	40	»
47	— d'une fraction totalement remboursée d'un prêt divisé. . . .	41	»
51	— Procuration pour quittance (Voir : Procuration).	46	»
92-94	Reconnaissance d'hypothèque. Cas dans lesquels ont doit l'exiger. . .	95-98	»
	— Formule de l'acte	99	»
18	Remboursements. Conditions dans lesquelles il peut avoir lieu. . . .	12	»
18	— de quelles personnes peut-il être accepté	13	»
18	— par le débiteur, ses héritiers ou légataire ou leur mandataire	13:1°,2°,3°	

8

			NUMÉROS	
PAGES.			DES PARAGRAPHES.	DE L'ANNEXE.
19	Remboursements.	Total par un créancier subséquent	13: 4°	»
19	—	total par un acquéreur de la totalité ou de partie du gage dont le prix est suffisant pour couvrir la créance :		
19	—	après admission de l'acquéreur à la continuation du prêt	13: 5°	»
19	—	avant l'admission de l'acquéreur à la continuation du prêt	14	»
21	—	partiel pour un acquéreur de partie du gage. . . .	15	»
21	—	sans avis préalable. . . .	16	»
22	—	total du premier de plusieurs prêts par un acquéreur	17	»
22	—	par un tiers en vue de la subrogation art. 1250 § 1er	18	»
23	—	du lieu où doit être fait le remboursement.	19	»
24	—	minimum acceptable . . .	22	»
23	—	à la suite d'une vente. . .	20	»
25	—	sans avis préalable. . . .	24	»
24	—	après avis préalable, sur envoi du décompte :		9-28-29
24	—	à la caisse.	21-23	7-10
28	—	par prélèvement sur compte courant	26	8-10
26	—	à une Trésorerie où à une Recette particulière. . .	25	9-11-13-27
28	—	dans le mois qui précède ou dans le mois qui suit une échéance	27	»
28	—	par le titulaire de deux ou plusieurs prêts. . . .	28	»
29	—	par emploi d'une indemnité de sinistre	29	»
31	—	par emploi de somme retenue en prêt différé .	30	»
33	—	Quand il existe un ou plusieurs prêts subséquents.	31	»
33	—	dont l'annulation est demandée par la partie payante	32	»
33	—	de somme versée en trop par le débiteur. . . .	33	»

PAGES.			NUMÉROS	
			DES PARAGRAPHES.	DE L'ANNEXE.
26-27	Remboursements (*suite*).	Envoi de la quittance administrative	24-25	12-13
34	—	Surveillance des remboursements projetés ou réclamés	34	»
35	—	Remise et décharge des titre de créance.	35	46
35 à 55	—	Quittances et mainlevées consécutives aux remboursements (Voir quittances. Mainlevée. Procuration).	36 à 55	»
15	Renseignements sur les prêts		11	4-5-6
9	Répertoires des dossiers et affaires en cours .		6	1-2-3
33	Restitution. (Impossibilité de restitution de somme versée en remboursement d'un prêt)		32	»
33	—	de somme versée en trop sur un prêt.	33	»
50	Restriction d'hypothèque au capital restant dû		44	34-39
22	Subrogation. Cas où elle doit être refusée . .		17-18	»
44	—	Quittance à un acquéreur payant en vue de la subrogation. . .	39	»
45	—	Quittance au débiteur payant au moyen de deniers empruntés avec déclaration d'origine procurant la subrogation au bailleur de fonds	40	»
55	—	Mentions à faire sur le cahier des rapports.	54	»
55	—	Vérification utile avant la signature d'une mainlevée au point de vue de la subrogation possible d'un tiers	55	»
10	Table alphabétique des Dossiers et Répertoires.		7	»
79	Translation d'hypothèque. Étude de la demande. Ordre du jour. Décision. Exécution.		75	43

www.ingramcontent.com/pod-product-compliance
Lightning Source LLC
Chambersburg PA
CBHW070522100426
42743CB00010B/1913